톡톡!
탭파이프 연주곡집

박은정 저

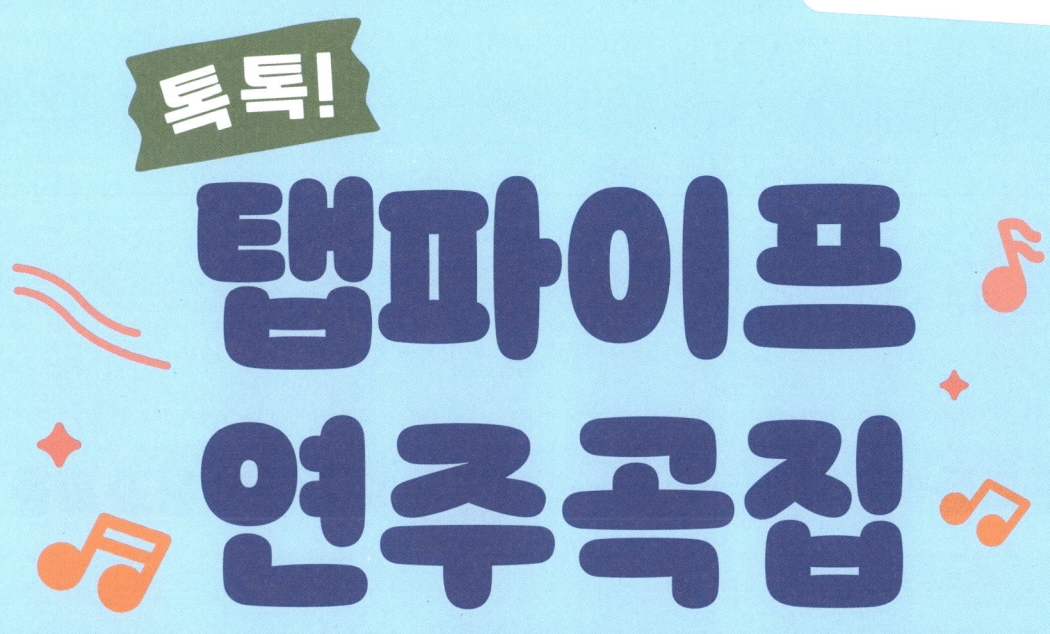

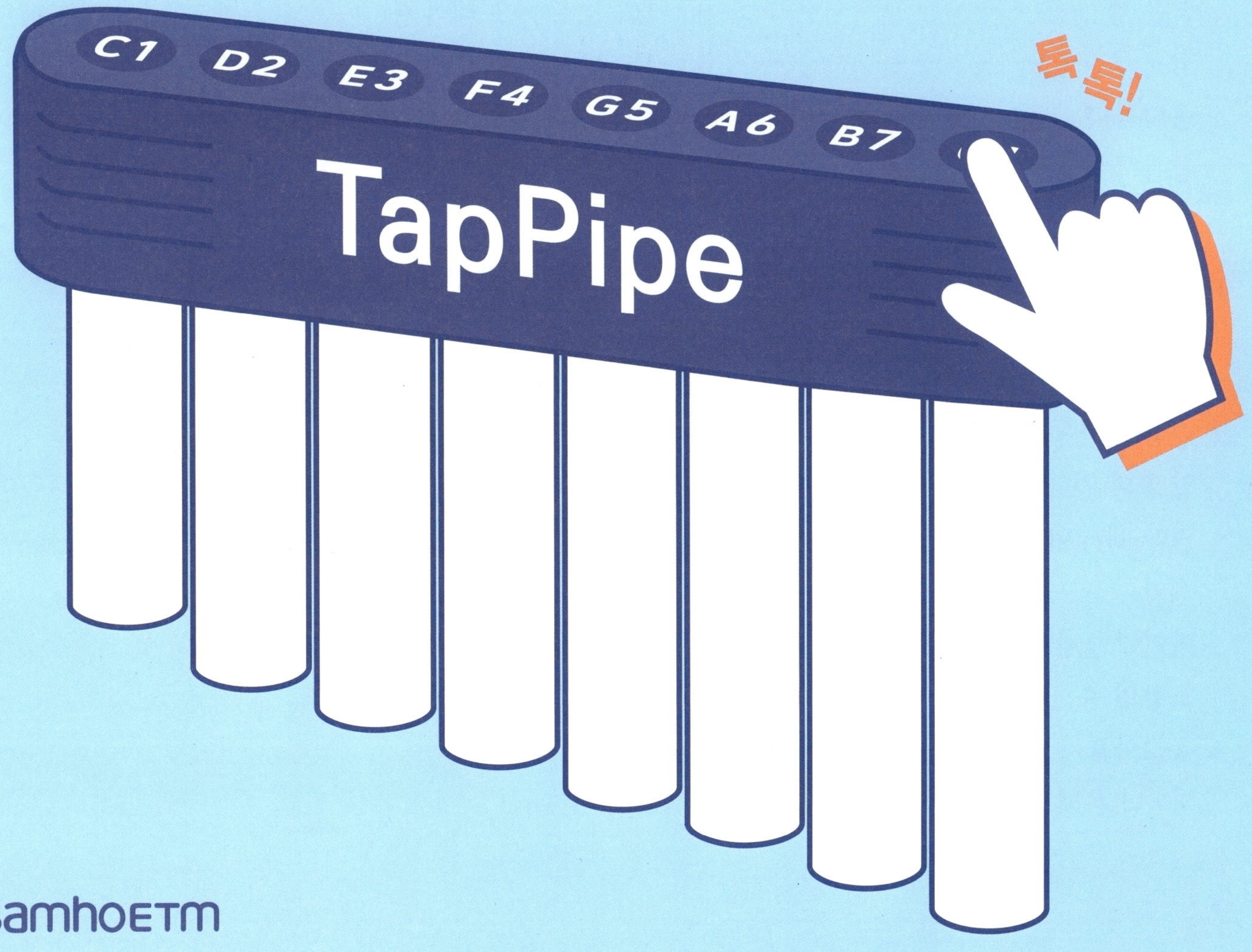

톡톡!

C1 D2 E3 F4 G5 A6 B7

TapPipe

samhoETM

🎵 차례

탭파이프 기초 이론 - 5

3장 반음 링 활용

Special Concert 스페셜 콘서트

국내 최초 발명 악기 '탭파이프'와 함께하는 톡톡 튀는 음악 여행!
"두드리면 누구나 음악가!"

탭파이프는 제가 직접 고안하여 국내 최초로 발명한 새로운 개념의 손가락으로 연주하는 멜로디 타악기입니다. (상표출원번호 40-2025-0089318) 복잡한 이론이나 어려운 기술이 없어도, 손가락 하나로 '톡톡' 두드리는 순간 멜로디가 흐르며 누구나 쉽게 음악의 즐거움을 느낄 수 있도록 설계했습니다.

탭파이프는 단순한 악기를 넘어 과학과 음악이 만나는 교육의 장을 제공합니다. 각 파이프의 길이에 따라 소리가 달라지는 원리는 피타고라스 음계의 과학적 원리를 기반으로 하며, 이를 통해 학습자는 자연스럽게 '길이와 소리의 관계'를 배우고, 직접 두드리며 몸으로 음의 구조를 익힐 수 있습니다. 탭파이프는 STEAM 융합형 악기이자 창의력 교육 도구입니다.

「탭파이프 연주곡집」은 탭파이프를 처음 접하는 영유아부터 시니어까지 모두가 쉽고 즐겁게 연주할 수 있도록 구성했습니다. 간단한 리듬에서 시작해 여럿이 함께하는 합주 연주까지 음악의 시작점이자 표현의 출발점이 되도록 고민했습니다.

이 책을 통해 많은 분들이 "나도 연주할 수 있구나!"라는 자신감을 갖고, 음악에 한 걸음 더 가까워지기를 바랍니다. 탭파이프가 대한민국을 넘어 세계 아이들의 손에서 자유롭고 창의적인 소리로 울려퍼지는 그날까지, 이 교재가 그 여정의 첫 발걸음이 되기를 소망합니다.

톡톡! 소리로 마음을 열고, 상상을 연주해 보세요.

2025년 09월,
저자 박은정

탭파이프 소개

탭파이프(Tap Pipe)는 튜블러 벨, 튜블럼, 그리고 붐웨커라는 세 가지 악기에서 아이디어를 얻어 만들어진, 손가락으로 연주하는 새로운 멜로디 타악기입니다.

튜블러 벨은 금속 파이프를 망치로 쳐서 맑고 청아한 소리를 내는 악기이고, 튜블럼은 PVC 파이프를 손이나 막대기로 두드려 연주하는 DIY 악기로 영상 플랫폼을 통해 널리 퍼졌습니다. 또한 붐웨커는 파이프의 길이에 따라 진동수가 달라져, 짧을수록 높은 음, 길수록 낮은 음을 내는 특성이 있습니다.

탭파이프는 이러한 악기들의 구조와 원리를 바탕으로 파이프를 손가락으로 직접 두드려 다양한 음을 낼 수 있도록 만든 창의적이고 직관적인 악기입니다.

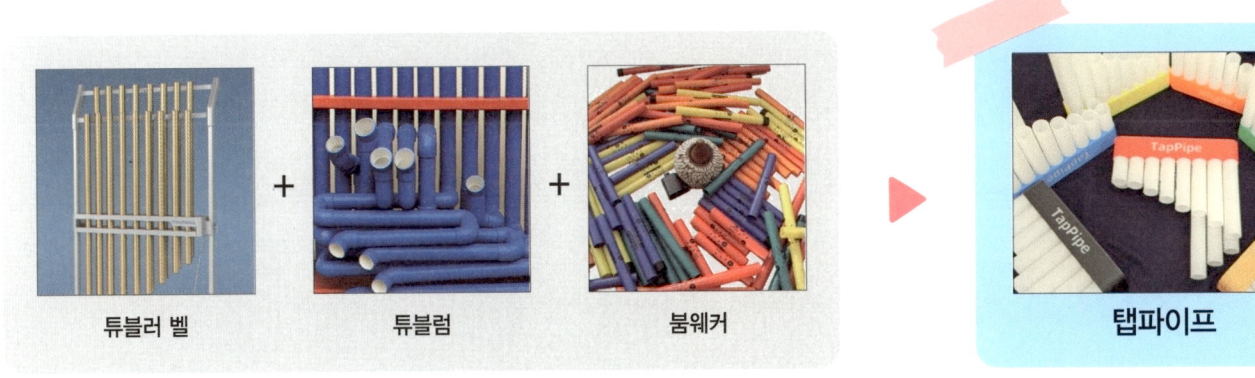

튜블러 벨 + 튜블럼 + 붐웨커 ▶ 탭파이프

탭파이프의 구조

탭파이프는 길이가 다른 여러 개의 파이프가 나란히 연결된 형태로 만들어진 악기입니다. 각 파이프는 하나의 음을 담당하며, 아래쪽은 열려 있고 위쪽은 막혀 있어, 손가락으로 윗면을 톡톡 두드리면 소리가 납니다.

핑거탭(Finger Tap)

파이프를 고정하며 손으로 두드리는 연주 면입니다. 각 파이프에 적힌 음정 (C1~C1)으로 어떤 소리가 나는지 쉽게 알 수 있습니다.

(C1) (D2) (E3) (F4) (G5) (A6) (B7) (C̣1)
(B7) (A6) (G5)　　　(F̣4) (Ė3) (Ḋ2)

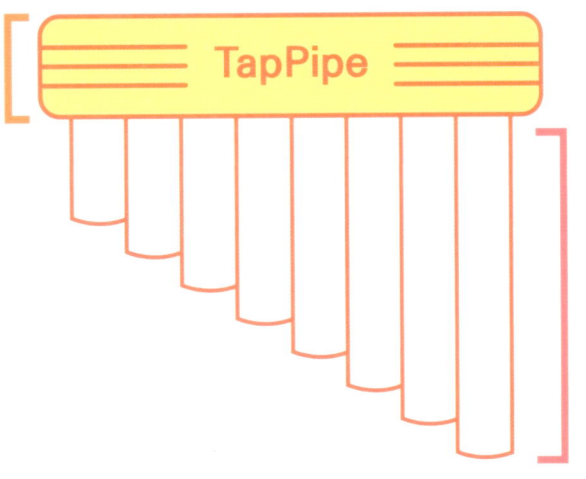

파이프

길이에 따라 음이 달라지는 소리관입니다.

탭파이프의 종류와 음계

탭파이프는 연주자의 수준과 용도에 따라 두 가지 종류가 있습니다.

8키 탭파이프

가장 기본적인 형태로, 8음(C1~Ċ1)으로 구성되어 있습니다.

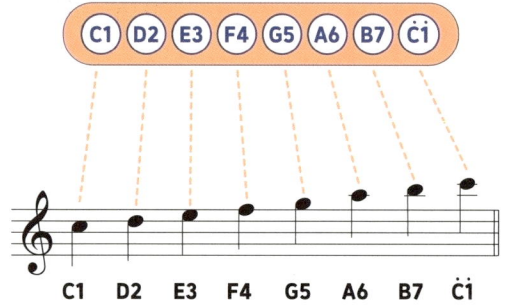

14키 탭파이프

8키 탭파이프에서 6음(G5, A6, B7, Ḋ2, Ė3, Ḟ4)이 추가되어, 14음으로 구성되어 있습니다.

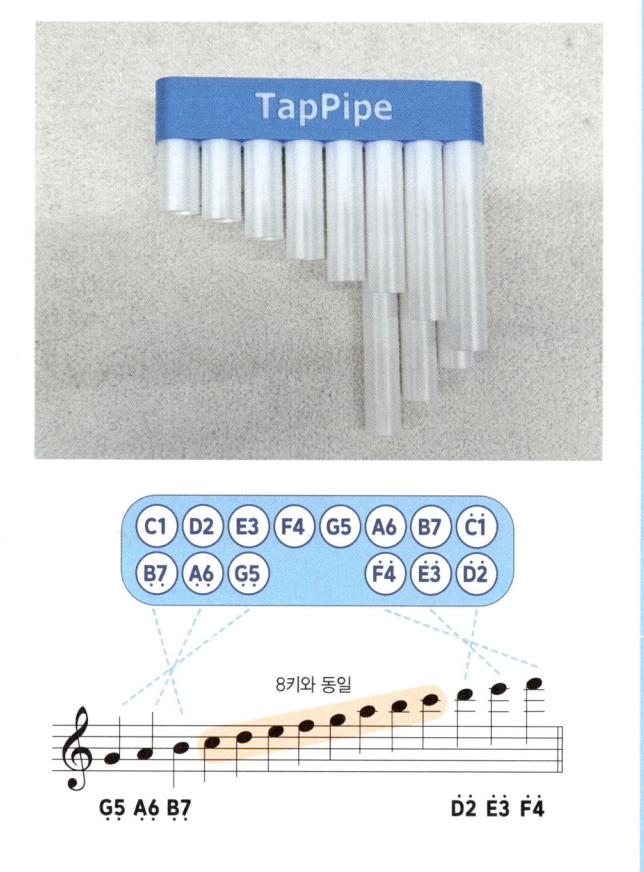

탭파이프의 특징

1. 손가락으로 두드려 연주하는 새로운 방식의 타악기입니다
2. 음정을 가진 유율 타악기로, 멜로디 연주가 가능합니다.
3. 영유아부터 시니어까지 남녀노소 쉽게 즐길 수 있습니다.
4. 가볍고 간편한 휴대로 언제 어디서나 자유롭게 연주할 수 있습니다.

탭파이프 연주 방법

▶ 1 한 손으로 악기를 감싸듯 잡습니다.

▶ 2 파이프 윗면을 손가락 끝으로 가볍게 톡 두드립니다.

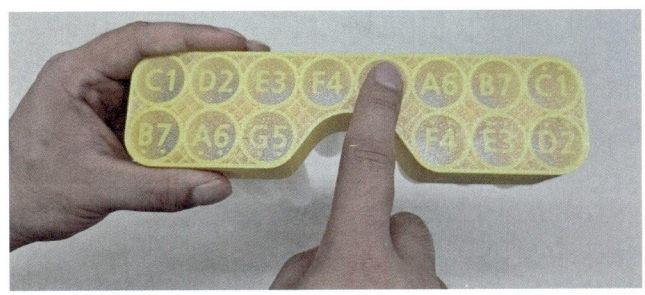

▶ 3 맑은 소리를 위해 두드린 후에는 바로 손을 떼어줍니다.

탭파이프를 연주할 때 가장 좋은 자세는 한 손으로 악기를 감싸쥐고 반대 손 검지손가락으로 가볍게 두드리는 것입니다. 이때 중요한 점은 세게 치는 것보다 정확하게 두드리는 것입니다. 바른 소리를 위해 손톱이 아닌 손가락 끝으로 두드리세요. 또한 두드리지 않고 길게 누르면 소리가 탁하거나 답답하게 들릴 수 있으므로 주의해야 합니다.

😕 틀린 방법

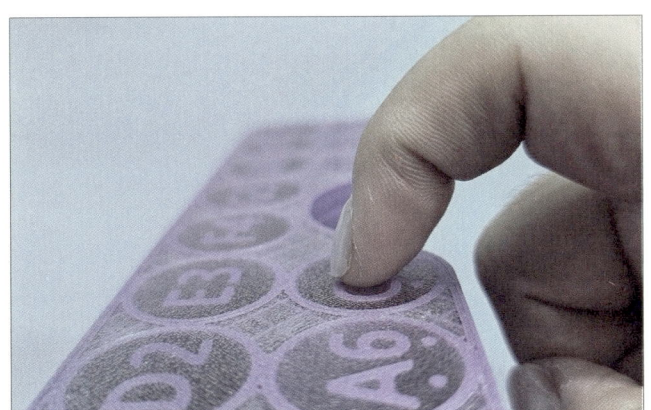

😊 올바른 방법

1장
쉬운 리듬

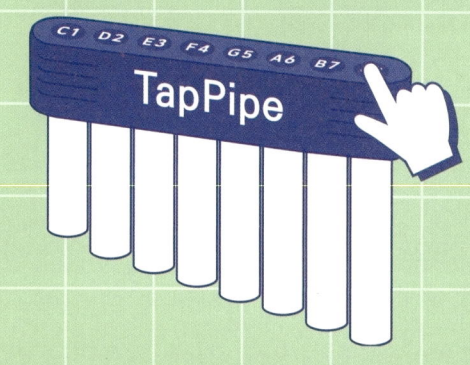

♪ 연주하기 전 ♪

1파트와 2파트를 충분히 연습한 뒤
메트로놈을 100에 맞춰 연주해 보세요.

4분음표와 4분쉼표

4분음표와 4분쉼표를 활용해 기초 리듬을 연습합니다. 제시된 리듬에 맞춰 검지, 중지 손가락을 사용해 두드려 보세요.

4분음표는 정확히 두드리고, 4분쉼표는 손가락을 떼어 소리가 나지 않도록 연습해 보세요.

Hot cross bun

작자 미상

8키 탭파이프로도
연주할 수 있어요!

| C1 | D2 | E3 | F4 | G5 | A6 | B7 | Ċ1 |
| B7 | A6 | G5 | | | F4 | E3 | D2 |

♩ = 1박

 **2파트**

| 1 | 5 | 2 | 5 | | 1 | 5 | 5 | 5 |

3
| 1 | 5 | 2 | 5 | | 1 | 5 | 5 | 5 |

5
| 1 | 5 | 5 | 5 | | 2 | 5 | 5 | 5 |

7
| 1 | 5 | 2 | 5 | | 1 | 1 | 1 | 1 |

8키 탭파이프로도
연주할 수 있어요!

C1	D2	E3	F4	G5	A6	B7	Ċ1
B̤7	A̤6	G̤5			Ḟ4	Ė3	Ḋ2

🎵 1파트

3 3 2 2   1 1 1 1

3
3 3 2 2   1 1 1 1

5
1 1 1 1   2 2 2 2

7
3 3 2 2   1 1 1 1

나비야

독일 민요

5마디로 돌아가서
Fine (피네)에서 끝내요.

♬ **2파트**

(1) (5) (1) (5)　　(2) (5) (2) (5)

3
(1) (5) (1) (5)　　(3) (5) (3) (5)

5
(1) (5) (1) (5)　　(2) (5) (2) (5)

7
(1) (5) (1) (5)　　(3) (5) (1) (–)

Fine

9
(2) (5) (2) (5)　　(2) (5) (2) (5)

11
(3) (5) (3) (5)　　(3) (5) (3) (5)

♬ 1파트

C1 D2 E3 F4 G5 A6 B7 Ċ1
B̤7 A̤6 G̤5　　Ḟ4 Ė3 Ḋ2

| 5 | 3 | 3 | – | | 4 | 2 | 2 | – |

3

| 1 | 2 | 3 | 4 | | 5 | 5 | 5 | – |

5

| 5 | 3 | 3 | 3 | | 4 | 2 | 2 | – |

7

| 1 | 3 | 5 | 5 | | 3 | 3 | 3 | – |

Fine

9

| 2 | 2 | 2 | 2 | | 2 | 3 | 4 | – |

11

| 3 | 3 | 3 | 3 | | 3 | 4 | 5 | – |

5마디로 돌아가서
Fine(피네)에서 끝내요.

비행기

작자 미상

𝄽 = 1박 쉼

C1 D2 E3 F4 G5 A6 B7 Ċ1
B̤7 A̤6 G̤5 F̣4 Ẹ3 Ḍ2

🎵 **2파트**

쉿!

(1) (5) (𝄽) (5)　　(1) (5) (𝄽) (5)

3
(2) (5) (𝄽) (5)　　(3) (5) (𝄽) (5)

5
(1) (5) (𝄽) (5)　　(1) (5) (𝄽) (5)

7
(2) (5) (𝄽) (5)　　(1) (5) (1) (–)

♫ 1파트

(3) (2) (1) (2)   (3) (3) (3) (–)

3
(2) (2) (2) (–)   (3) (3) (3) (–)

5
(3) (2) (1) (2)   (3) (3) (3) (–)

7
(2) (2) (3) (2)   (1) (–) (–) (–)

작은 별

모차르트 작곡

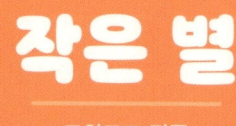

𝄽 = 1박 쉼

| C1 | D2 | E3 | F4 | G5 | A6 | B7 | Ċ1 |
| B7 | A6 | G5 | | | | F4 | E3 | D2 |

♬ 2파트

1	5	𝄽	5	4	6	𝄽	5

3

| 4 | 6 | 𝄽 | 5 | 2 | 5 | 𝄽 | 1 |

5

| 1 | 5 | 𝄽 | 6 | 3 | 5 | 𝄽 | 5 |

7

| 1 | 5 | 𝄽 | 6 | 3 | 5 | 𝄽 | 5 |

9

| 1 | 5 | 𝄽 | 5 | 4 | 6 | 𝄽 | 5 |

11

| 4 | 6 | 𝄽 | 5 | 2 | 5 | 1 | – |

♬ 1파트

(1)(1)(5)(5)　　(6)(6)(5)(–)

3
(4)(4)(3)(3)　　(2)(2)(1)(–)

5
(5)(5)(4)(4)　　(3)(3)(2)(–)

7
(5)(5)(4)(4)　　(3)(3)(2)(–)

9
(1)(1)(5)(5)　　(6)(6)(5)(–)

11
(4)(4)(3)(3)　　(2)(2)(1)(–)

학교 종

김예리 작곡

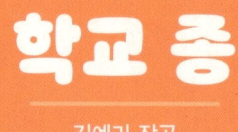

𝄽 = 1박 쉼

C1	D2	E3	F4	G5	A6	B7	Ċ1
B̤7	A̤6	G̤5				Ḟ4	Ė3	Ḋ2

♫ 2파트

| 1 | 𝄽 | 4 | 6 | | 1 | 𝄽 | 3 | 5 |

3

| 1 | 𝄽 | 3 | 5 | | 2 | 𝄽 | 4 | 2 |

5

| 1 | 𝄽 | 4 | 6 | | 1 | 𝄽 | 3 | 5 |

7

| 1 | 𝄽 | 2 | 5 | | 1 | 5 | 1 | – |

🎵 1파트

5	5	6	6

5	5	3	-

3

5	5	3	3

2	-	-	-

5

5	5	6	6

5	5	3	-

7

5	3	2	3

1	-	-	-

봄나들이

권태호 작곡

𝄽 = 1박 쉼

C1	D2	E3	F4	G5	A6	B7	Ċ1
B̦7	A̦6	G̦5			Ḟ4	Ė3	Ḋ2

♫ 2파트

1	5	𝄽	5	1	5	𝄽	5

3

3	5	𝄽	5	2	5	𝄽	5

5

1	5	𝄽	5	1	5	𝄽	5

7

4	6	3	5	2	5	1	–

🎵 1파트

| 5 | 3 | 5 | 3 | | 5 | 6 | 5 | – |

3
| 3 | 5 | 3 | 1 | | 2 | 3 | 2 | – |

5
| 5 | 3 | 5 | 3 | | 5 | 6 | 5 | – |

7
| i̇ | 6 | 5 | 3 | | 2 | 3 | 1 | – |

통통통통

작자 미상

 = 1박

 = 반박 + 반박

🎵 2파트

반박 + 반박 대신 1박으로 더 쉽게 연주할 수 있어요.

| 1 | 5 5 | 𝄽 | 5 | | 1 | 5 5 | 𝄽 | 5 |

3
| 2 | 5 5 | 𝄽 | 5 | | 2 | 5 5 | 𝄽 | 5 |

5
| 3 | 5 5 | 𝄽 | 5 | | 3 | 5 5 | 𝄽 | 5 |

7
| 4 | 6 6 | 𝄽 | 6 | | 4 | 6 6 | 𝄽 | 6 |

9
| 1 | 5 5 | 𝄽 | 5 | | 1 | 5 5 | 𝄽 | 5 |

11
| 2 | 5 5 | 𝄽 | 5 | | 2 | 5 5 | 1 | – |

C1 D2 E3 F4 G5 A6 B7 Ċ1
Ḅ7 A̤6 G̣5 Ḟ4 Ė3 Ḋ2

♬ 1파트

| 1 | 1 | 1 | 1 | 1\|2 | 3\|2 | 1 | – |

3
| 2 | 2 | 2 | 2 | 2\|3 | 4\|3 | 2 | – |

5
| 3 | 3 | 3 | 3 | 3\|4 | 5\|4 | 3 | – |

7
| 4 | 4 | 4 | 4 | 4\|3 | 2\|3 | 4 | – |

9
| 5 | 5 | 5 | 5 | 5\|4 | 3\|4 | 5 | – |

11
| 5\|4 | 3\|4 | 5\|4 | 3\|4 | 5\|4 | 3\|2 | 1 | – |

주먹 쥐고

작자 미상

C1	D2	E3	F4	G5	A6	B7	Ċ1
B̦7	A̦6	G̦5			Ḟ4	Ė3	Ḋ2

🎵 2파트

1 1 1 1   7̦ 7̦ 1 1

3 3 3 1 1   7̦ 7̦ 1 1

5 1 1 1 1   4 4 3 3

7 1 1 1 1   4 4 3 3

9 1 1 1 1   7̦ 7̦ 1 1

11 3 3 1 1   7̦ 7̦ 1 −

C1 D2 E3 F4 G5 A6 B7 Ċ1
B7 A6 G5 Ḟ4 Ė3 Ḋ2

♬ 1파트

| 3 | 3 2 | 1 | 1 | | 2 | 2 | 3 2 | 1 |

3
| 5 | 5 4 | 3 | 3 | | 2 1 | 2 3 | 1 | – |

5
| 3 | 3 4 | 5 | 5 | | 6 | 6 | 5 4 | 3 |

7
| 3 | 3 4 | 5 | 5 | | 6 | 6 | 5 | – |

9
| 3 | 3 2 | 1 | 1 | | 2 | 2 | 3 2 | 1 |

11
| 5 | 5 4 | 3 | 3 | | 2 1 | 2 3 | 1 | – |

곰 세 마리

작자 미상

C1 D2 E3 F4 G5 A6 B7 Ċ1
Ḇ7 A̱6 G̱5   Ḟ4 Ė3 Ḋ2

🎵 2파트

| 1 | 55 | 𝄽 | 5 | | 1 | 55 | 𝄽 | 5 |

3
| 1 | 55 | 𝄽 | 5 | | 1 | 55 | 𝄽 | 5 |

5
| 1 | 55 | 𝄽 | 5 | | 2 | 55 | 𝄽 | 5 |

7
| 1 | 55 | 𝄽 | 5 | | 2 | 55 | 𝄽 | 5 |

9
| 1 | 55 | 𝄽 | 5 | | 2 | 55 | 𝄽 | 5 |

11
| 1 | 55 | 𝄽 | 5 | | 1 | 5 | 1 | – |

🎵 1파트

| 1 | 1ǀ1 | 1 | 1 | | 3 | 5ǀ5 | 3 | 1 |

3
| 5ǀ5 | 3 | 5ǀ5 | 3 | | 1 | 1 | 1 | – |

5
| 5 | 5 | 3 | 1 | | 5 | 5 | 5 | – |

7
| 5 | 5 | 3 | 1 | | 5 | 5 | 5 | – |

9
| 5 | 5 | 3 | 1 | | 5ǀ5 | 5ǀ6 | 5 | – |

11
| i̇ | 5 | i̇ | 5 | | 3 | 2 | 1 | – |

코끼리와 거미줄

작자 미상

 = 반박 **쉼** + 반박

C1	D2	E3	F4	G5	A6	B7	Či
B̦7	A̦6	G̦5			F̣4	Ė3	Ḋ2

🎵 **2파트**

3

5

7

♬ 1파트

환희의 송가

베토벤 작곡

♫ 1파트

♫ 2파트

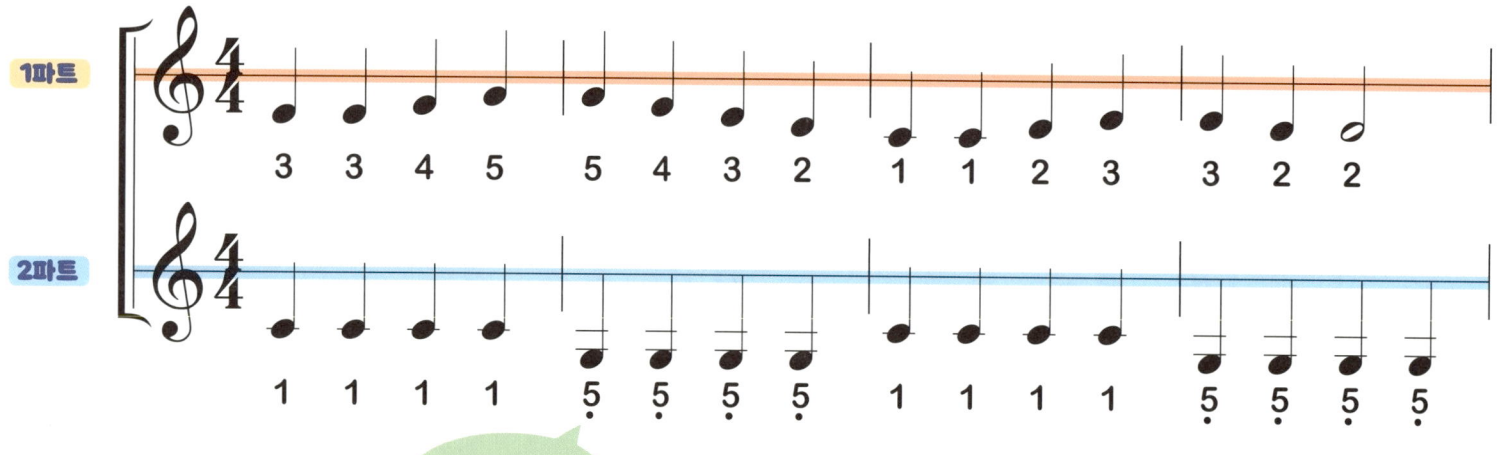

아래줄에 있는
G5를 연주하세요.

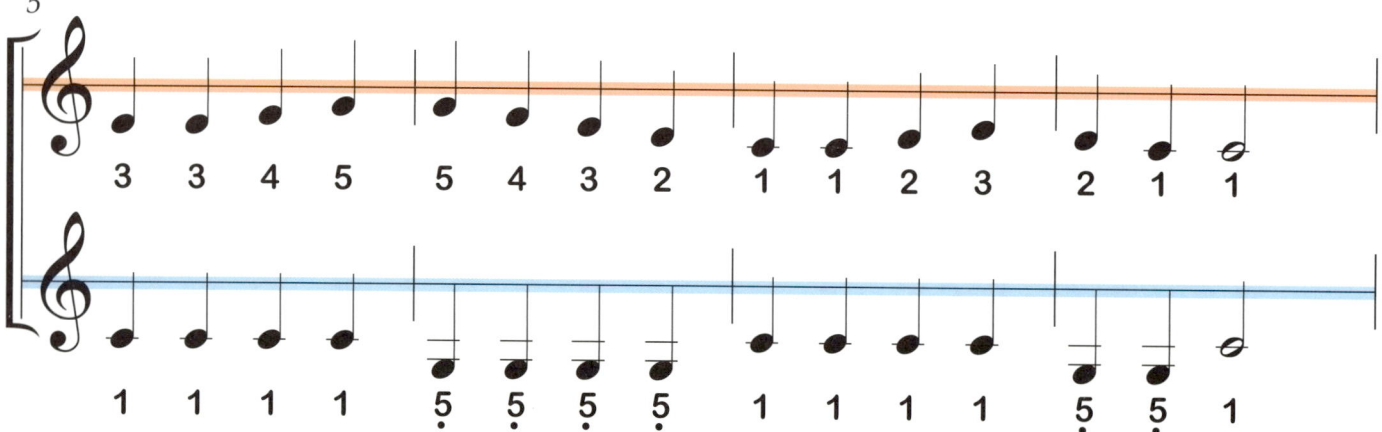

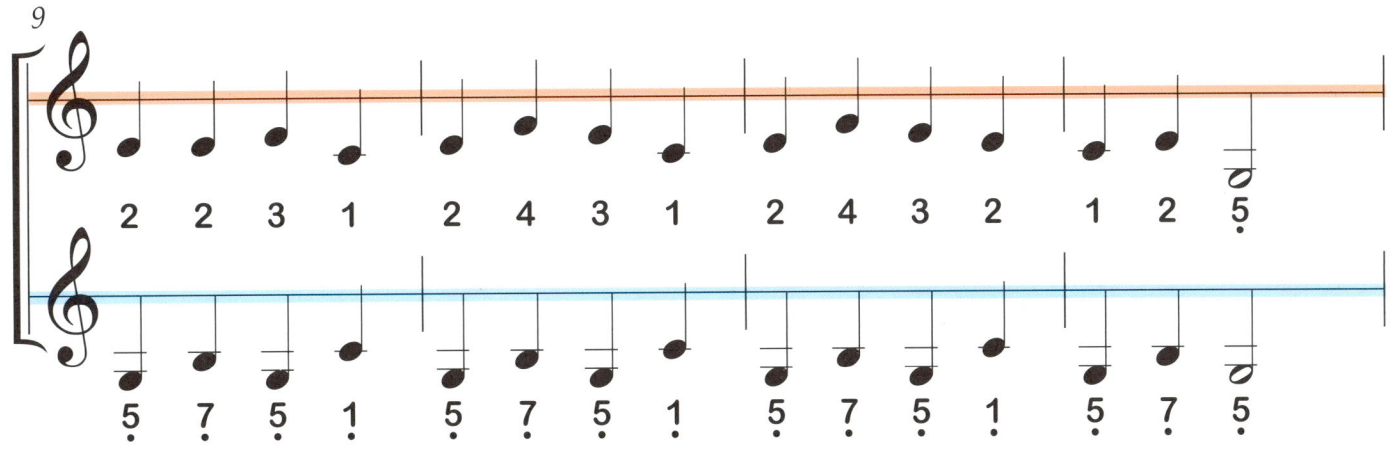

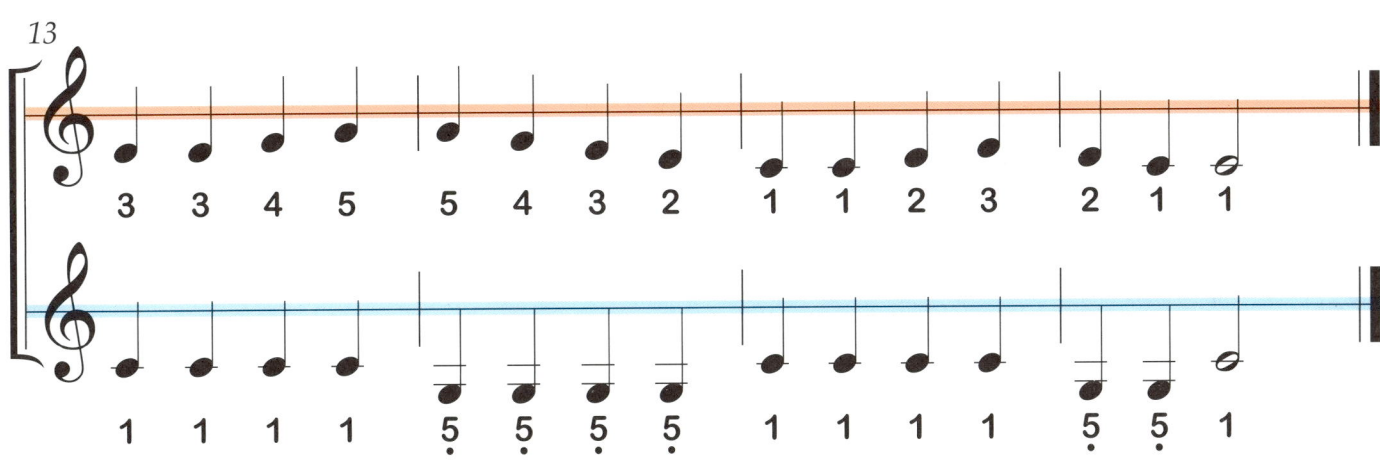

놀람 교향곡

하이든 작곡

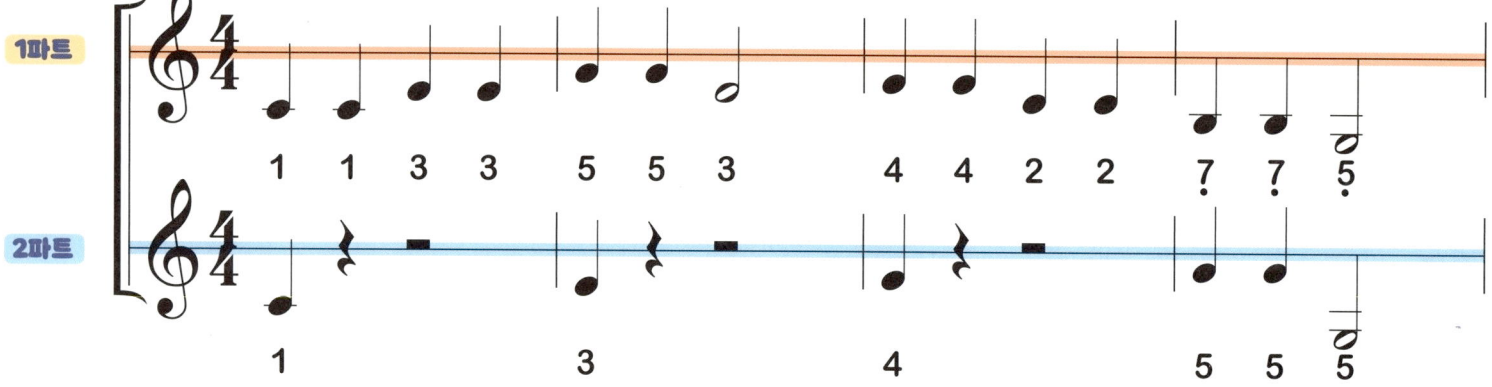

♫ 1파트

| C1 | D2 | E3 | F4 | G5 | A6 | B7 | Ċ1 |
| B7 | A6 | G5 | | | | Ḟ4 | Ė3 | Ḋ2 |

♫ 2파트

| C1 | D2 | E3 | F4 | G5 | A6 | B7 | Ċ1 |
| B7 | A6 | G5 | | | | Ḟ4 | Ė3 | Ḋ2 |

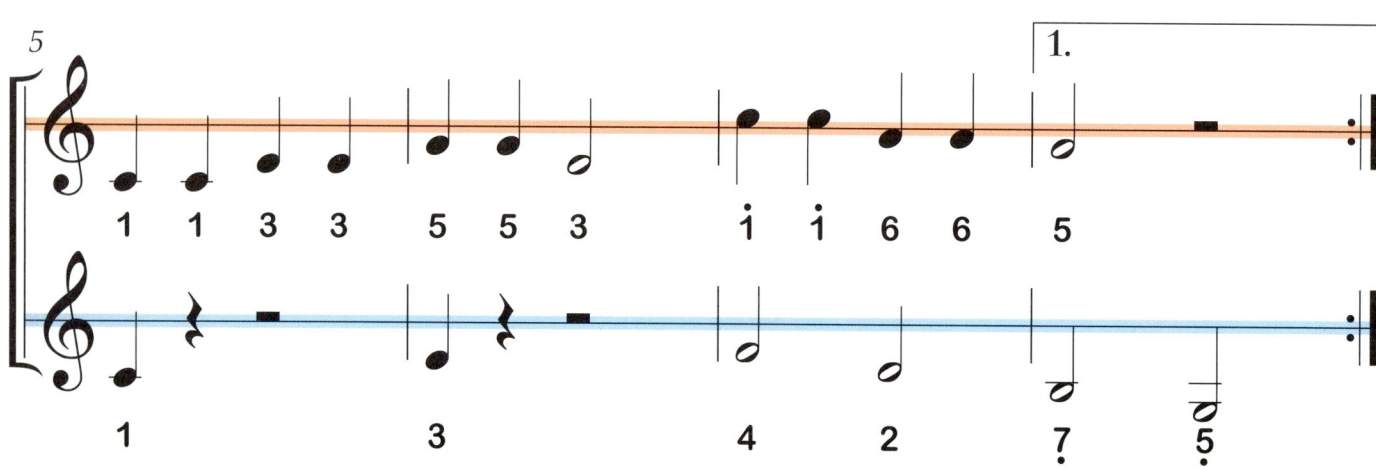

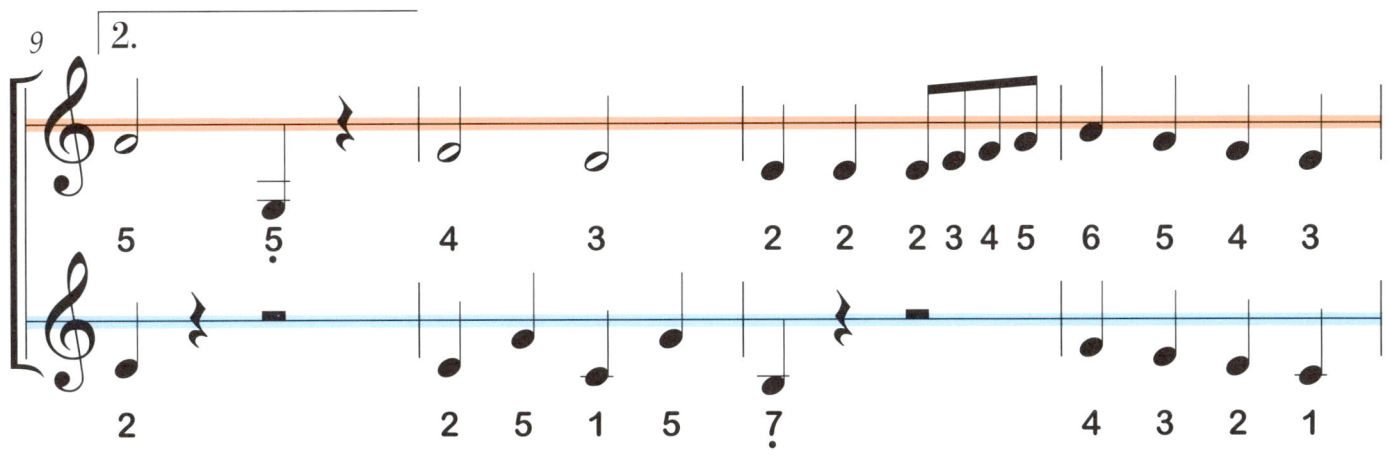

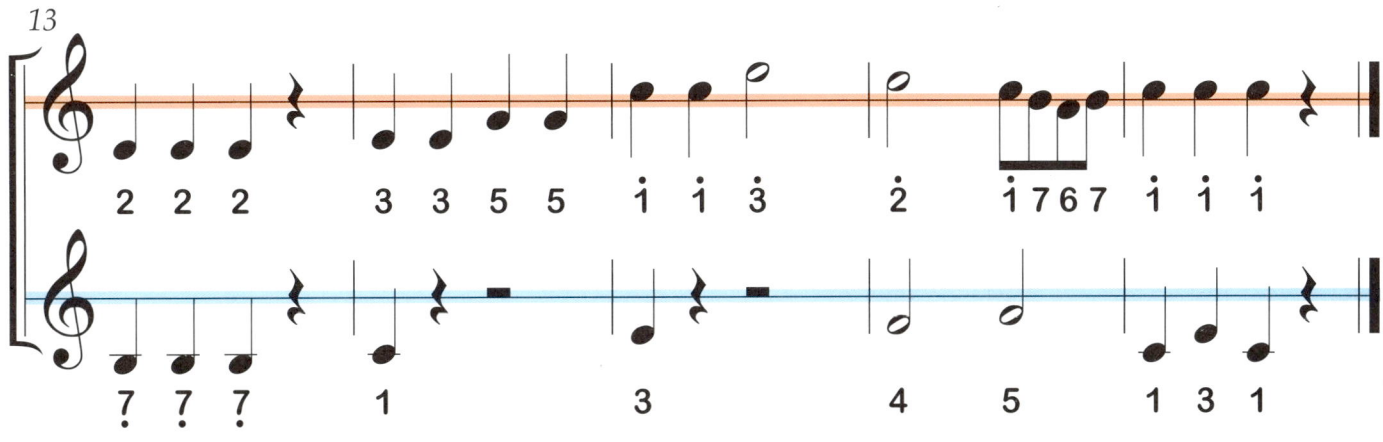

열 꼬마 인디언

외국 곡

♬ 1파트

♬ 2파트

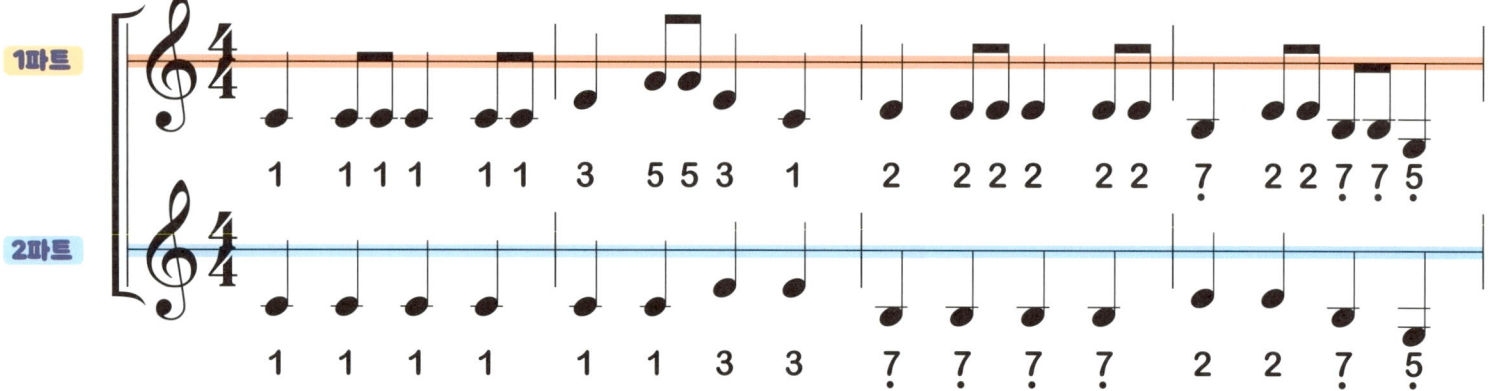

엄마 돼지 아기 돼지

김규환 작곡

♬ 1파트

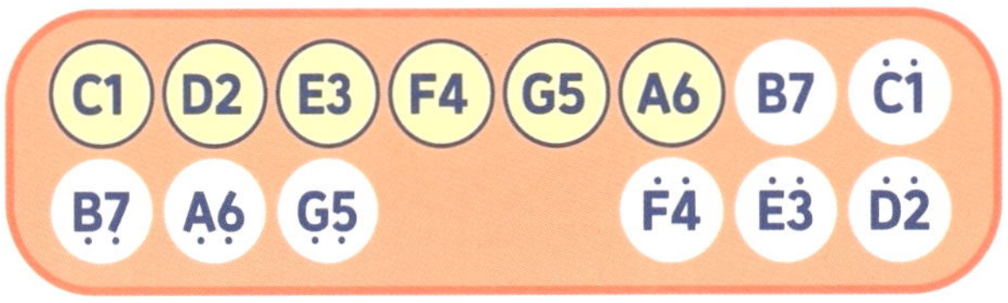

C1 D2 E3 F4 G5 A6 B7 Ċ1
B7 A6 G5 Ḟ4 Ė3 Ḋ2

♬ 2파트

C1 D2 E3 F4 G5 A6 B7 Ċ1
B7 A6 G5 Ḟ4 Ė3 Ḋ2

5 5 5 5 5　6　5　4　3　　4 4 4 5 4　3　　2

1　5　　5　5　1　5　　5　5　2　5　　5　5　2　5　　5 4 3 2

5

5 5 5 5 5　6　5　4　3　　2 2 2 4 3　2　　1　　　*Fine*

1　5　　5　5　1　5　　5　5　2　5　　5　5　1　5　1

5　5　　5　5　　5 5 5 5　　5 5 5 5

D.C. al Fine

5　5　　5　5　　5 5 5 5　　5 4 3 2

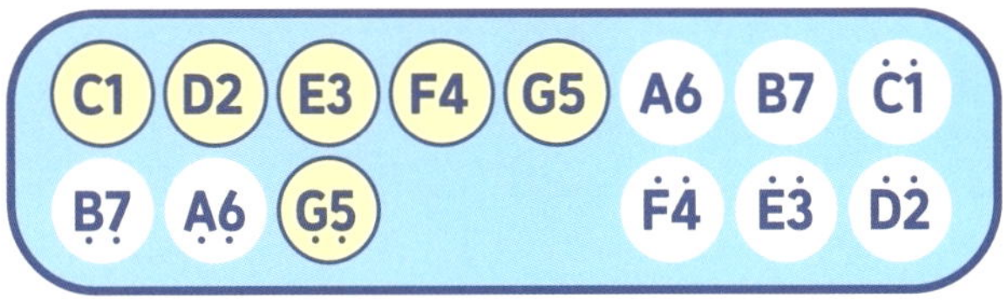

송어

슈베르트 작곡

♫ 1파트

C1	D2	E3	F4	G5	A6	B7	Ċ1
B7	A6	G5				Ḟ4	Ė3	Ḋ2

♫ 2파트

C1	D2	E3	F4	G5	A6	B7	Ċ1
B7	A6	G5				Ḟ4	Ė3	Ḋ2

1파트

5 1̇ 1̇ 3̇ 3̇ 1̇ 5 5 5 2̇1̇76 5 5

2파트

1 3 3 1 3 3 5̣ 2 2 5̣ 2 2

6

1파트

1̇ 1̇ 3̇ 3̇ 1̇ 5 1̇ 7 6 7 1̇ 6 5 5

2파트

1 3 3 1 3 3 7̣ 2 2 7̣ 2 2

10

1파트

1̇ 1̇ 3̇ 3̇ 1̇ 5 5 5 2̇1̇76 5 5

2파트

1 3 3 1 3 3 5̣ 2 2 5̣ 2 2

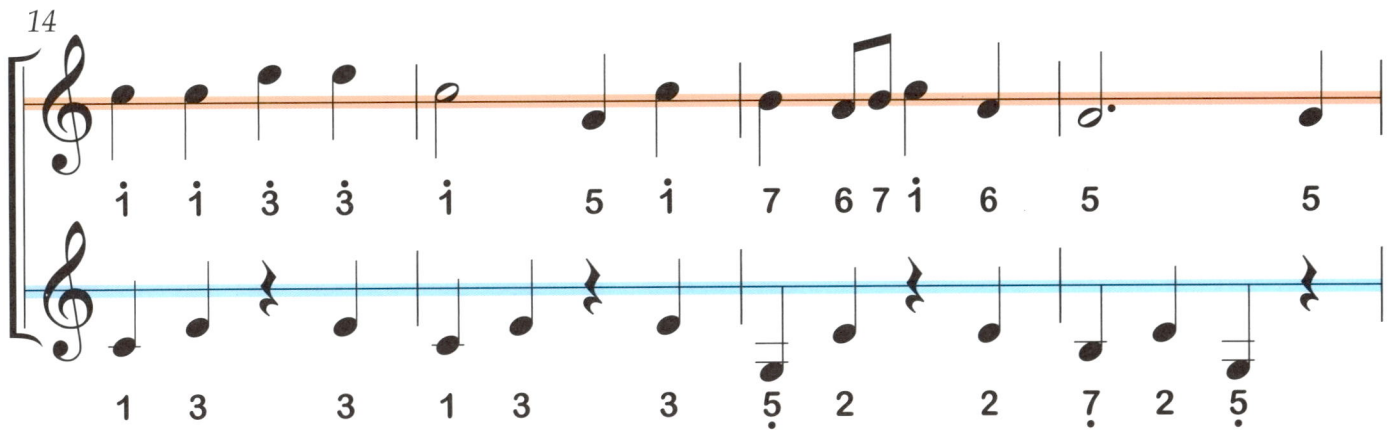

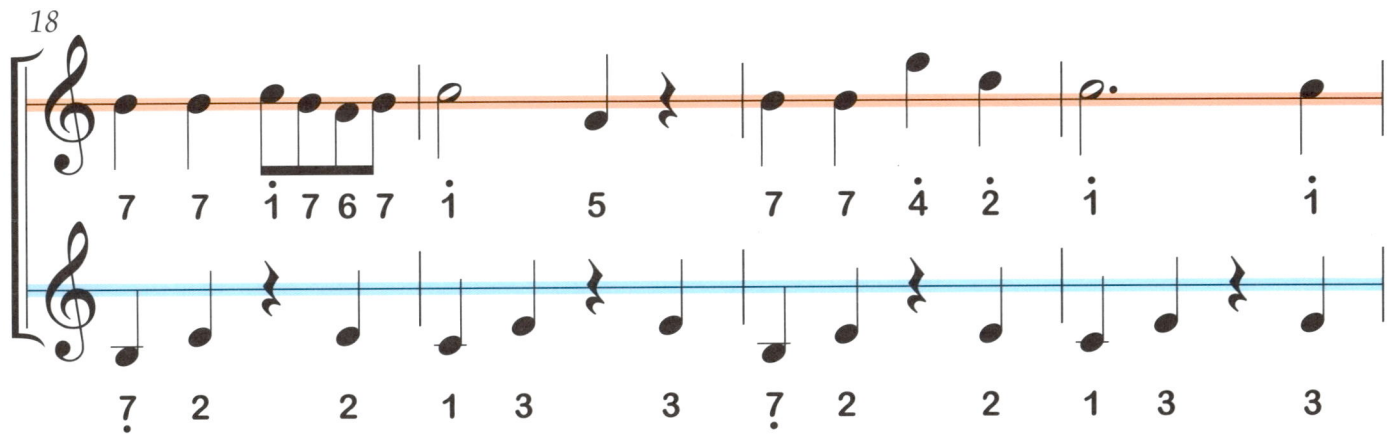

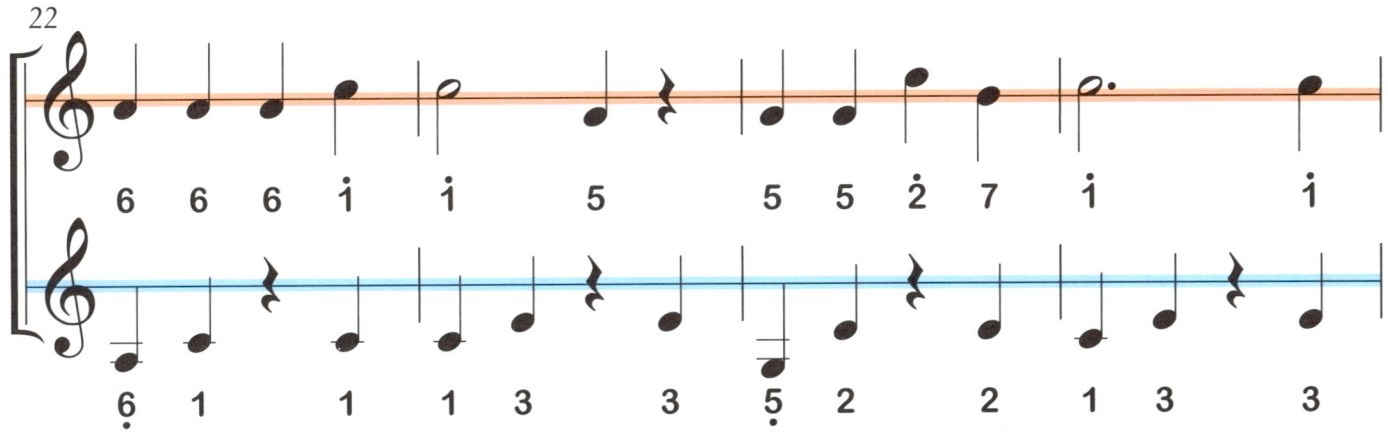

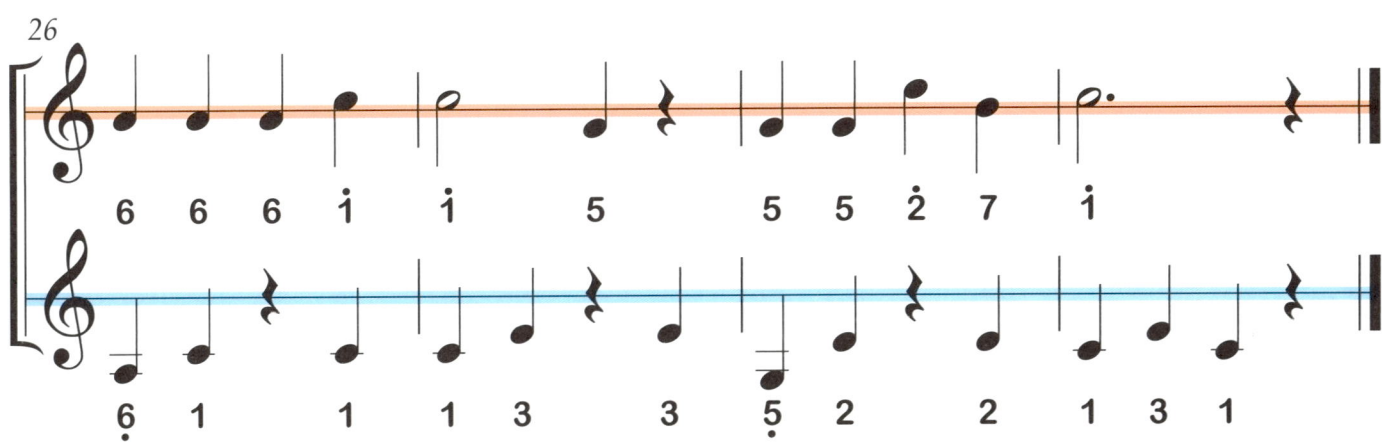

아이네 클라이네 나흐트무지크

모차르트 작곡

🎵 **1파트**

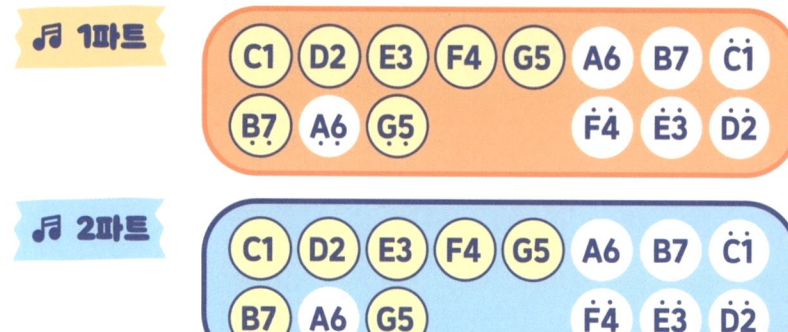

🎵 **2파트**

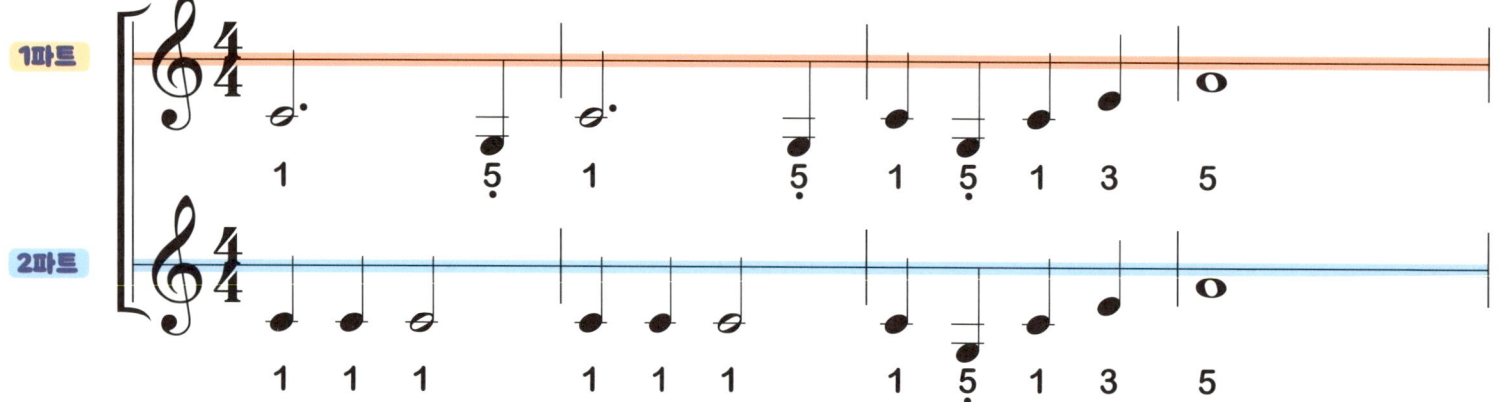

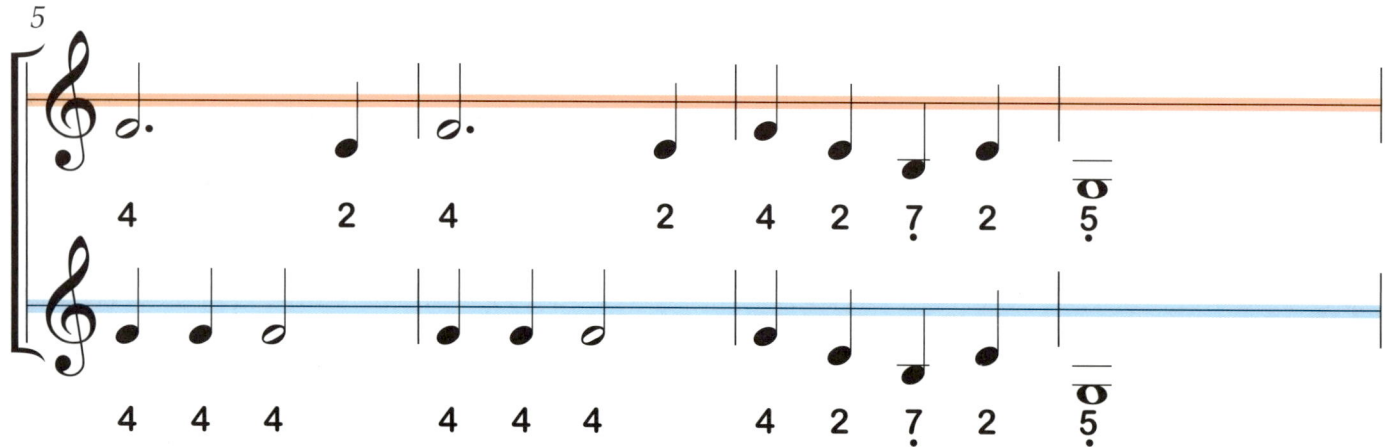

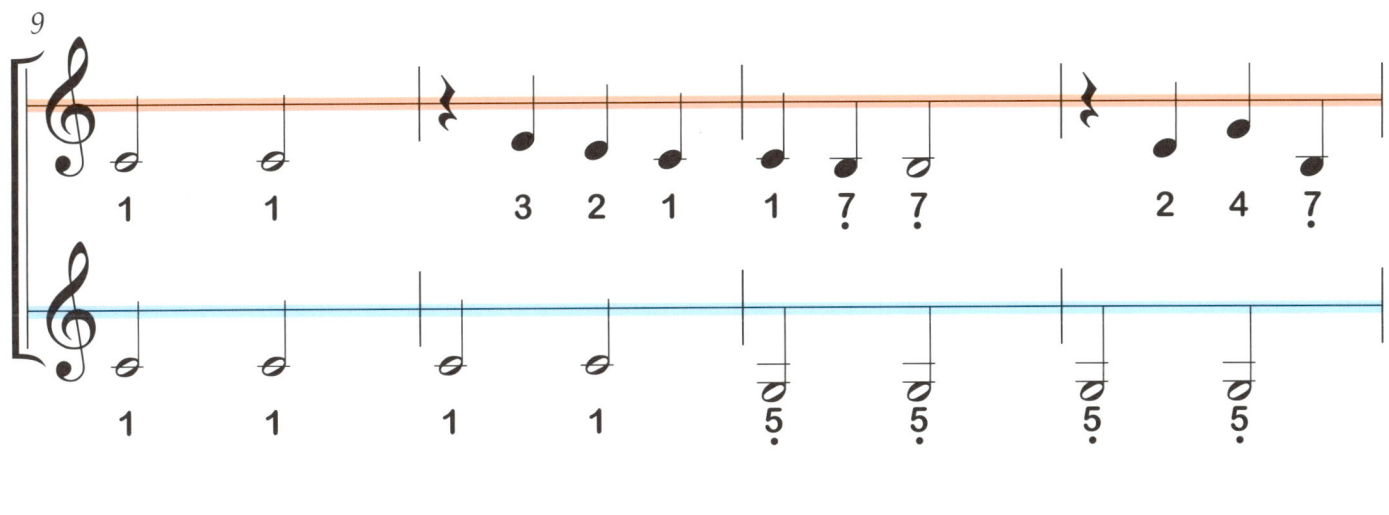

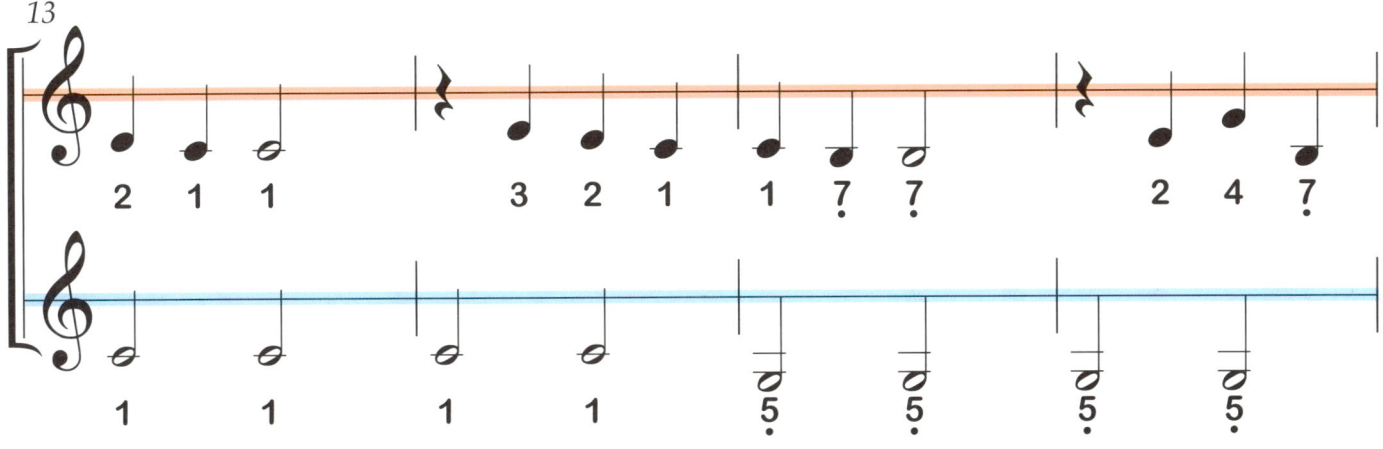

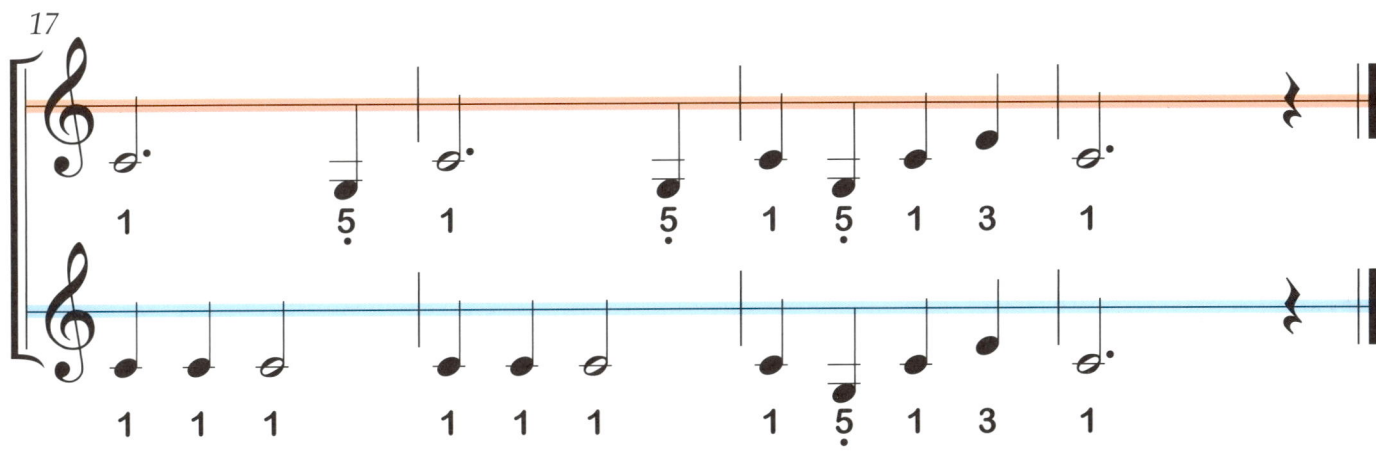

고향의 봄

홍난파 작곡

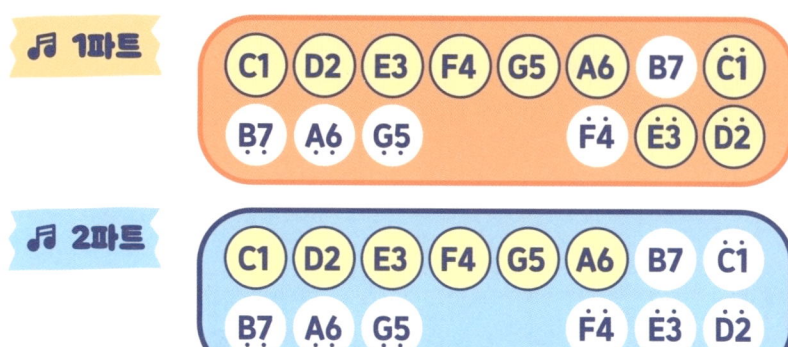

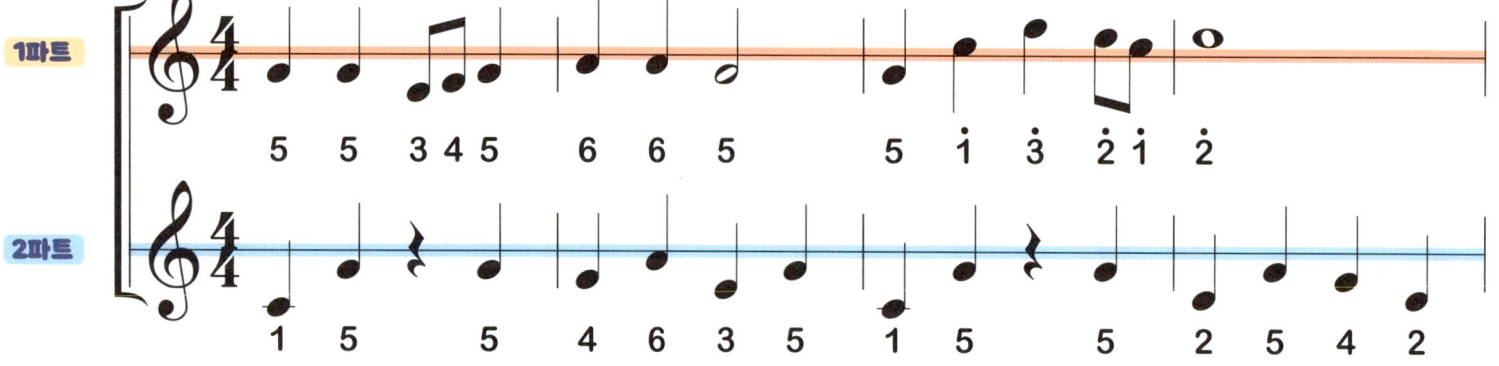

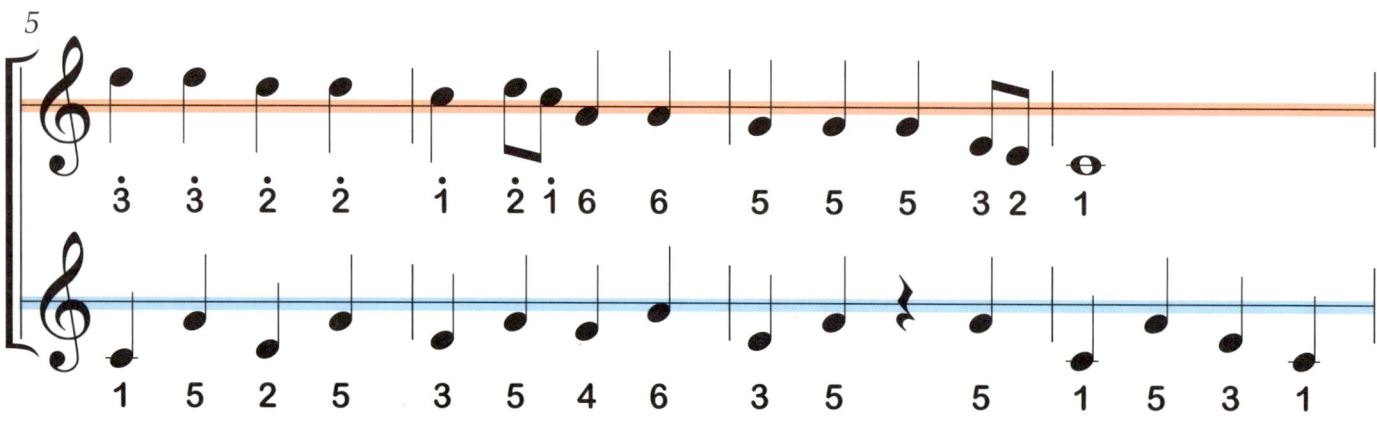

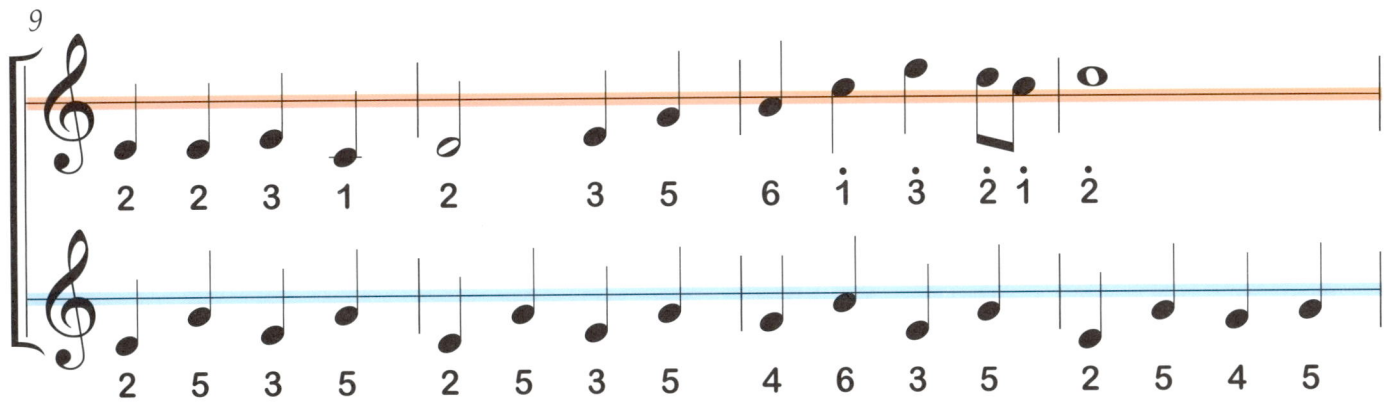

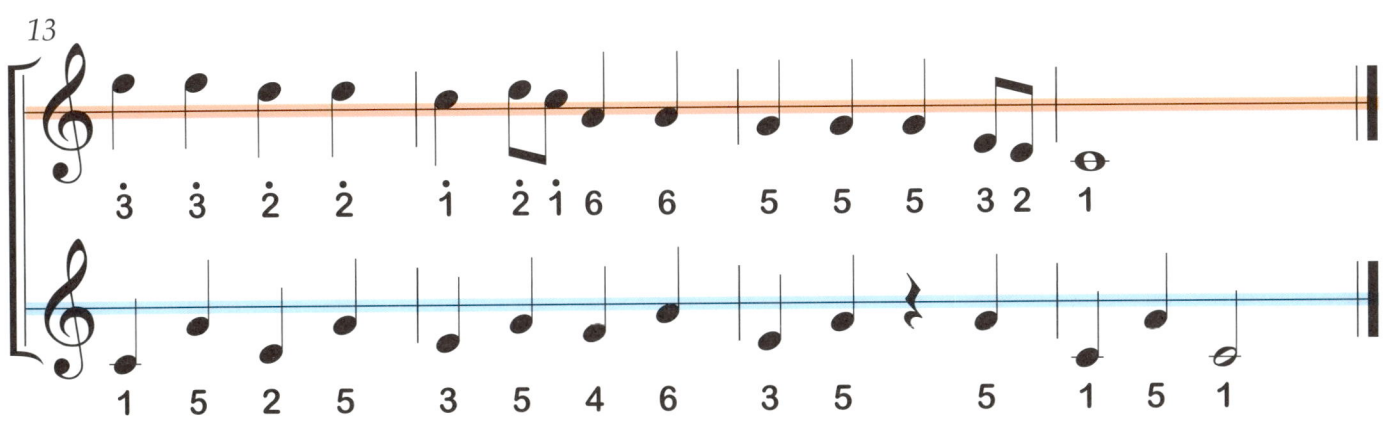

똑같아요

외국 곡

🎵 1파트

| C1 | D2 | E3 | F4 | G5 | A6 | B7 | Ċ1 |
| B7 | A6 | G5 | | | F4 | E3 | D2 |

🎵 2파트

| C1 | D2 | E3 | F4 | G5 | A6 | B7 | Ċ1 |
| B7 | A6 | G5 | | | F4 | E3 | D2 |

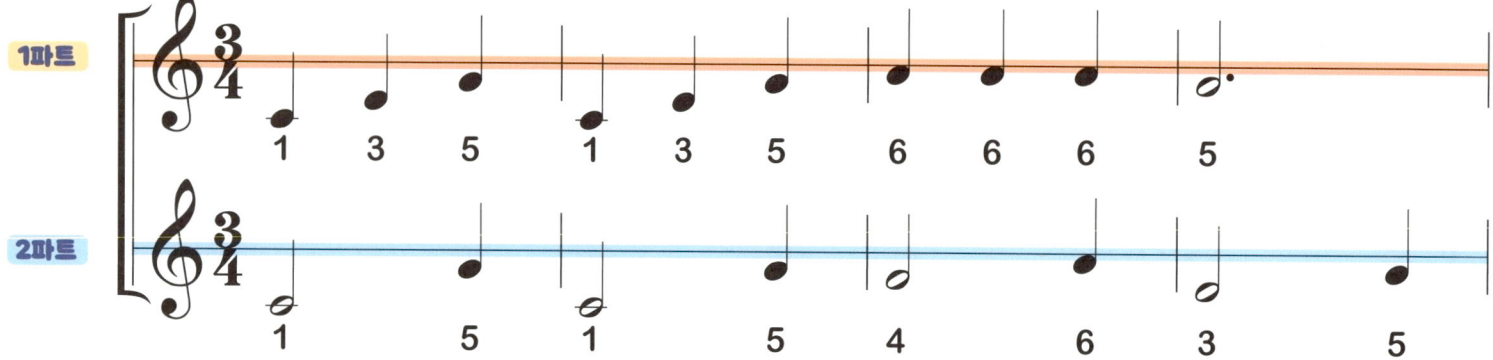

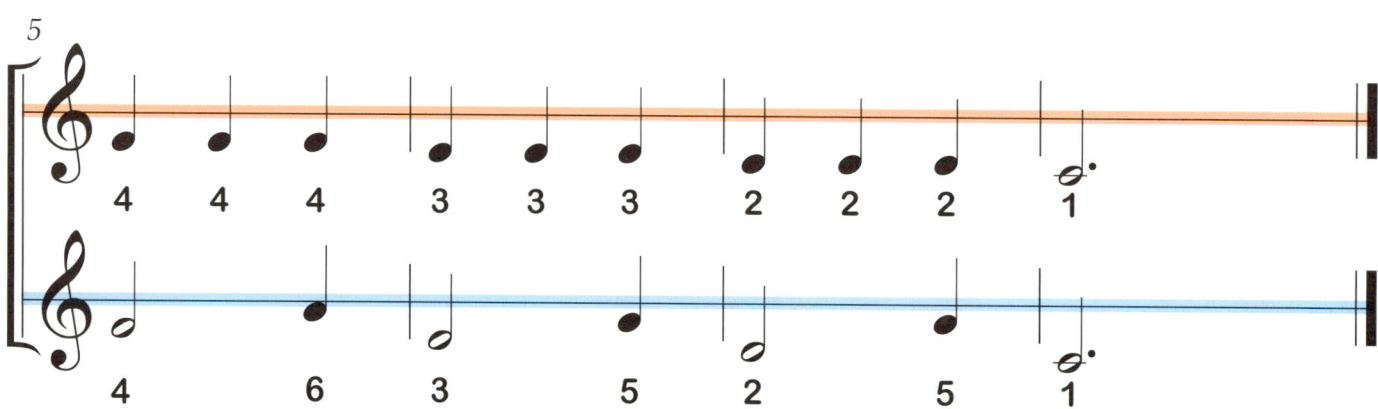

어머님 은혜

박재훈 작곡

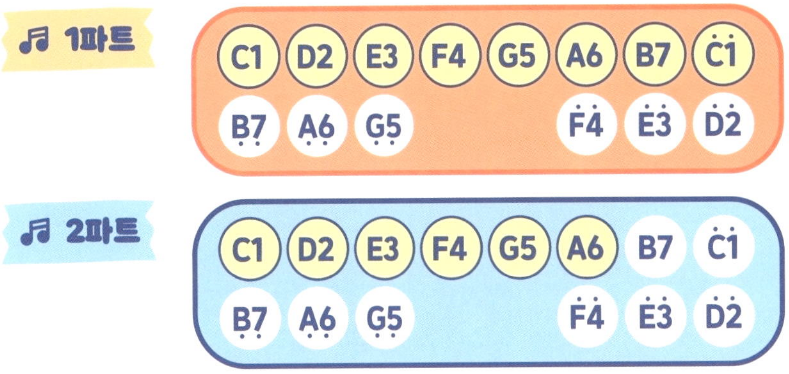

♬ 1파트

C1	D2	E3	F4	G5	A6	B7	Ċ1̇
B̦7	A̦6	G̦5			F̦4̇	E̦3̇	D̦2̇

♬ 2파트

C1	D2	E3	F4	G5	A6	B7	Ċ1̇
B̦7	A̦6	G̦5			F̦4̇	E̦3̇	D̦2̇

(악보 1단)
1파트: 3 4 5 i i 7 6 5
2파트: 1 5 5 3 5 5 4 6 6 3 5 5

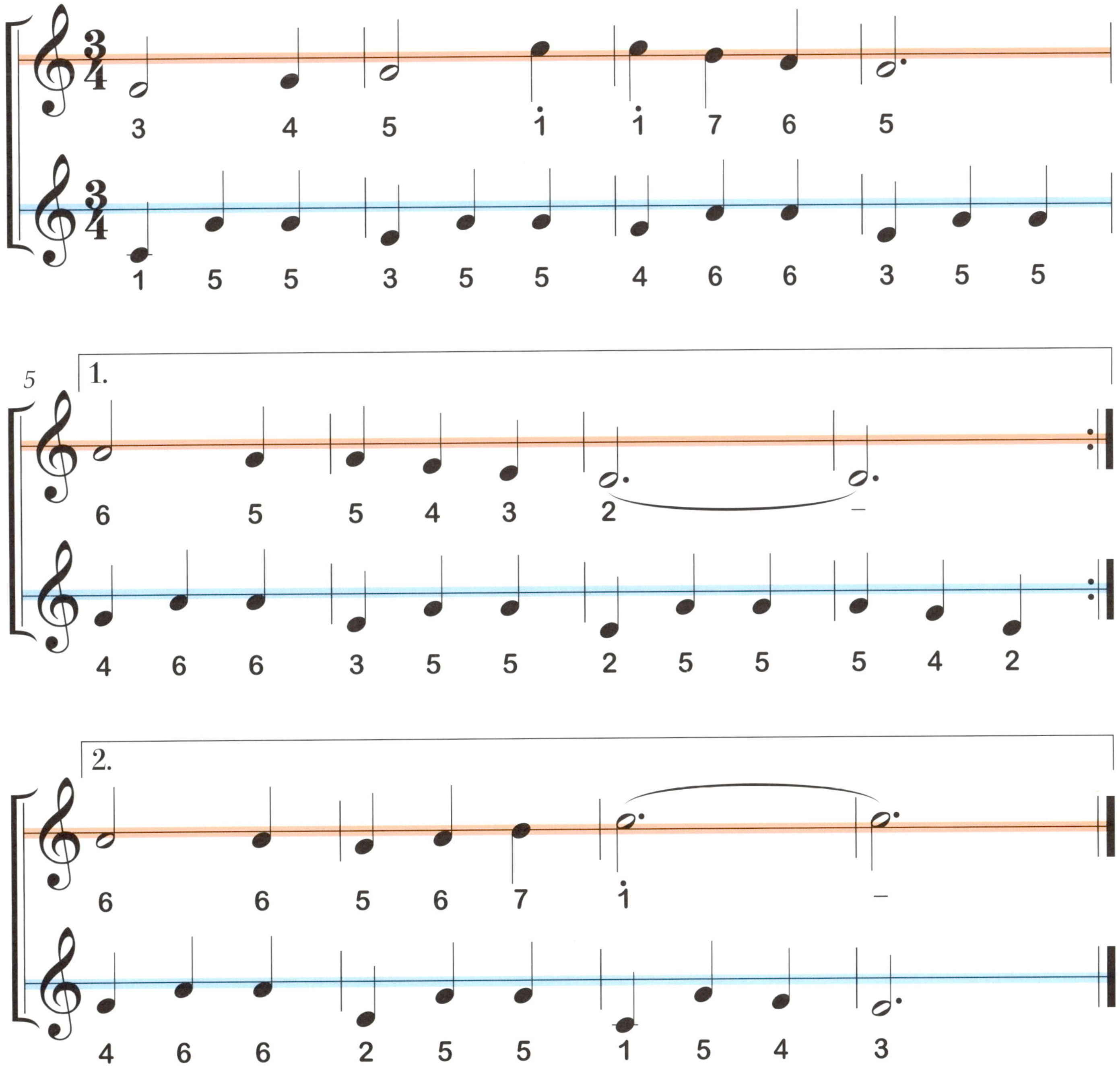

5 (1단 반복)
1.
1파트: 6 5 5 4 3 2 —
2파트: 4 6 6 3 5 5 2 5 5 5 4 2

2.
1파트: 6 6 5 6 7 i —
2파트: 4 6 6 2 5 5 1 5 4 3

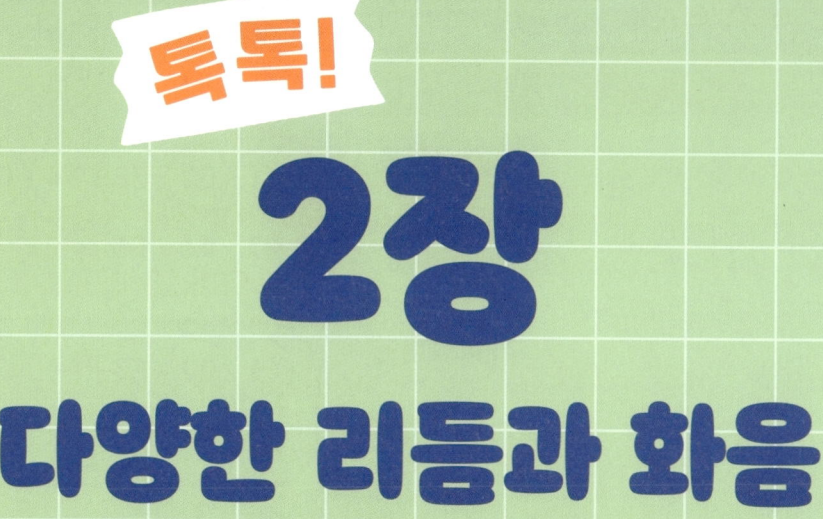

톡톡!
2장
다양한 리듬과 화음

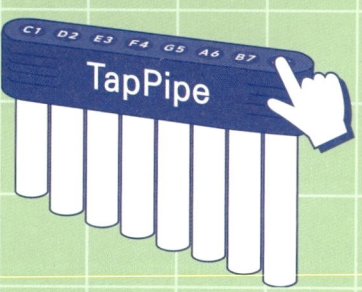

♪ 연주하기 전 ♪

챕터1에서 배운 기초 리듬을 다시 한 번
점검해 보세요. 손가락 독립과 기초 리듬을
충분히 연습한 후, 다양한 리듬 패턴을
연습해 보세요.

다양한 리듬 패턴 연습

8분음표, 붓점, 셋잇단음표를 연습합니다. 연습할 때 메트로놈을 사용해 박자를 정확히 지키고, 손가락을 부드럽게 움직이며 연주해 보세요. 리듬 변화를 자유롭게 표현할 수 있고, 연주에 더 풍성한 느낌을 줄 수 있습니다.

1. 8분음표

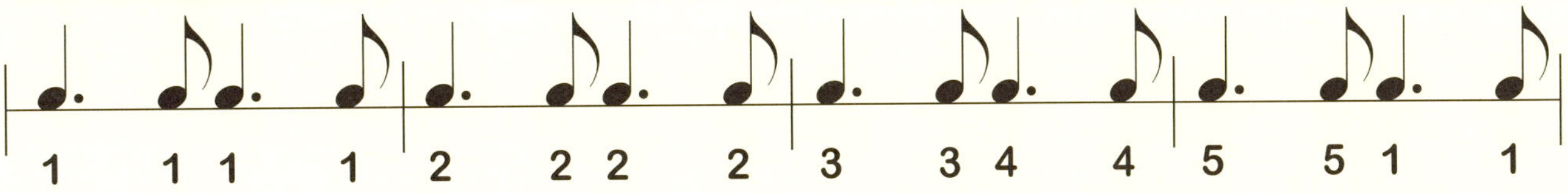

```
1   1 1   1 | 2   2 2   2 | 3   3 4   4 | 5   5 1   1
```

2. 붓점

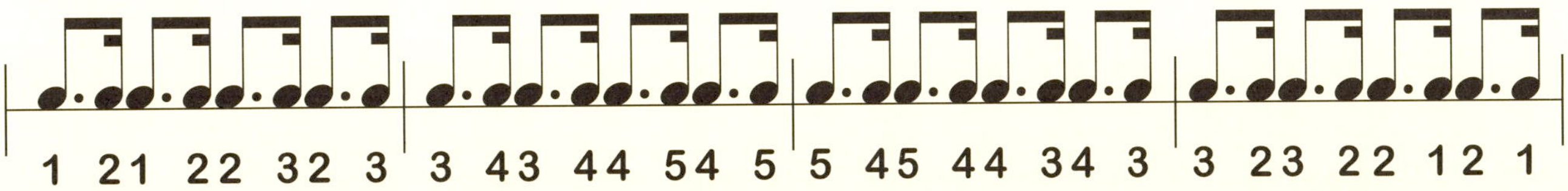

```
1 2 1 2 2 3 2 3 | 3 4 3 4 4 5 4 5 | 5 4 5 4 4 3 4 3 | 3 2 3 2 2 1 2 1
```

3. 셋잇단음표

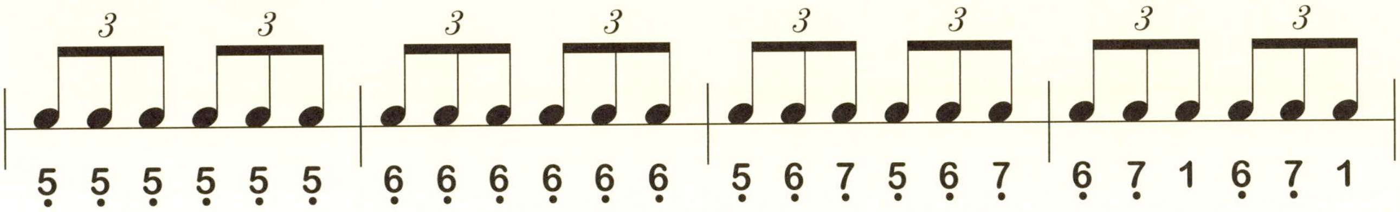

```
 3     3       3     3        3     3        3     3
5 5 5 5 5 5 | 6 6 6 6 6 6 | 5 6 7 5 6 7 | 6 7 1 6 7 1
```

화음 탭 연습

두 개 이상의 음을 동시에 두드려 화음을 만드는 방법을 연습합니다. 엄지와 중지, 검지와 약지 등 두 손가락을 함께 사용해 화음을 만들어 보세요. 두 손가락이 같은 힘으로 파이프를 두드리도록 신경쓰고 음이 고르게 나오는지 확인하며 연습해 보세요.

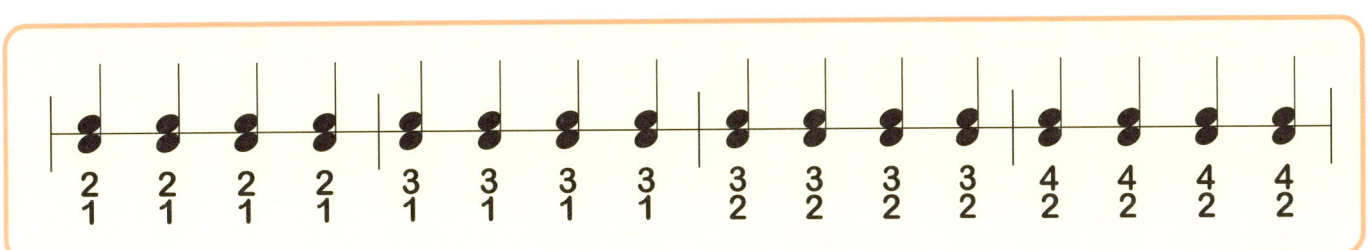

```
2 2 2 2 | 3 3 3 3 | 3 3 3 3 | 4 4 4 4
1 1 1 1 | 1 1 1 1 | 2 2 2 2 | 2 2 2 2
```

산토끼

이일래 작곡

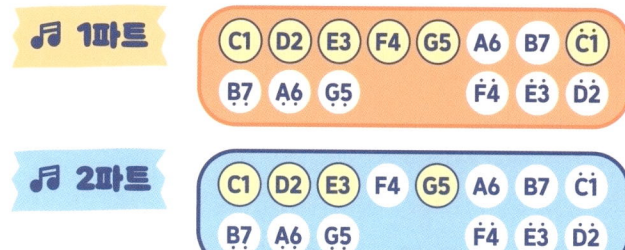

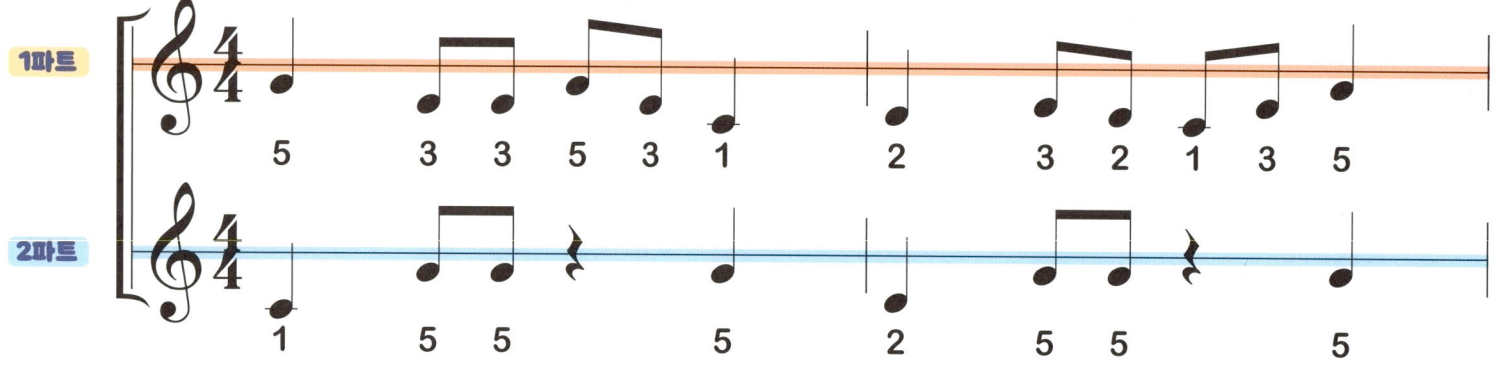

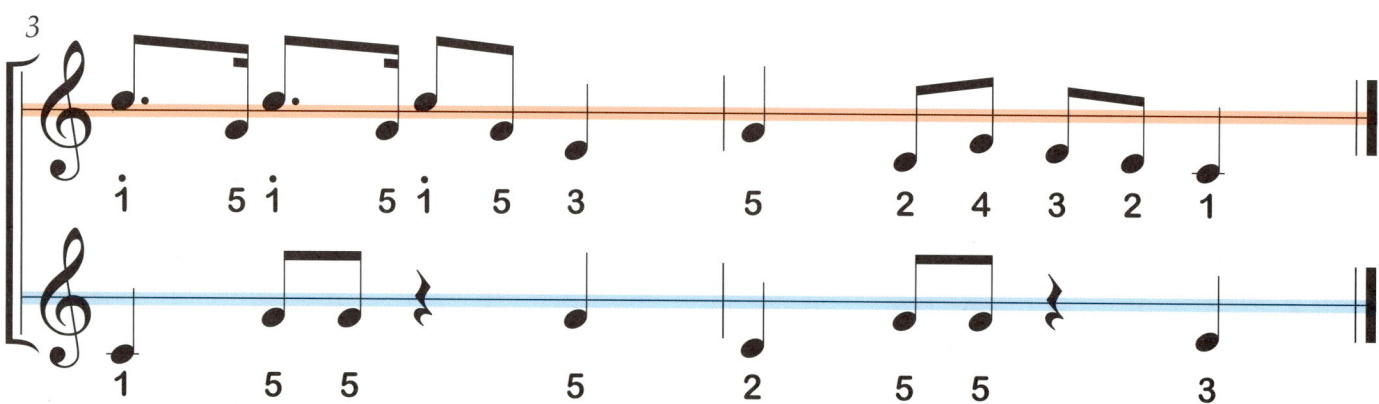

퐁당퐁당

홍난파 작곡

🎵 1파트

C1	D2	E3	F4	G5	A6	B7	Ċ1
Ḅ7	Ạ6	G̣5				Ḟ4	Ė3	Ḋ2

🎵 2파트

C1	D2	E3	F4	G5	A6	B7	Ċ1
Ḅ7	Ạ6	G̣5				Ḟ4	Ė3	Ḋ2

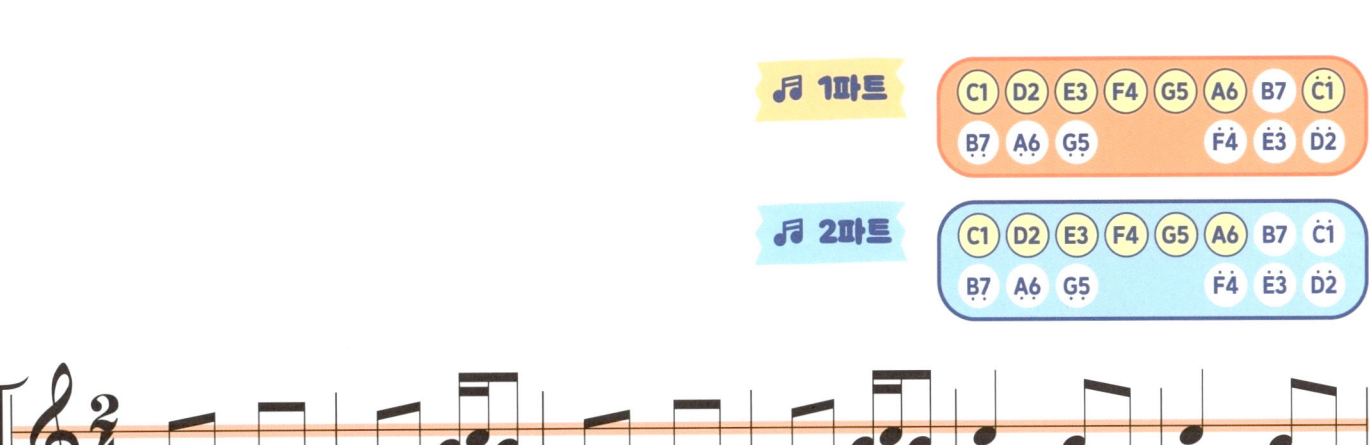

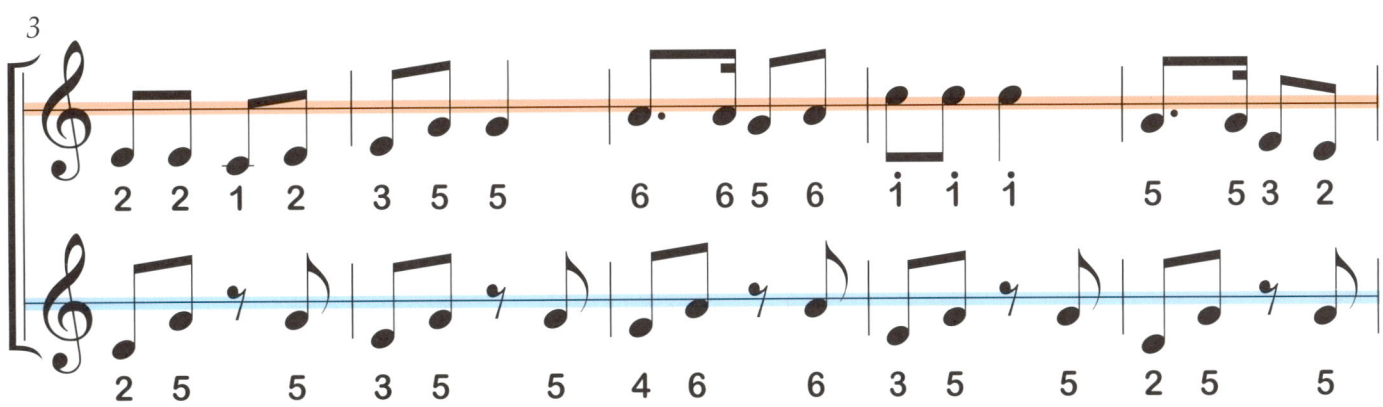

조개 껍질 묶어

윤형주 작곡

♬ 1파트

C1	D2	E3	F4	G5	A6	B7	Ċ1
B7	A6	G5				Ḟ4	Ė3	Ḋ2

♬ 2파트

C1	D2	E3	F4	G5	A6	B7	Ċ1
B7	A6	G5				Ḟ4	Ė3	Ḋ2

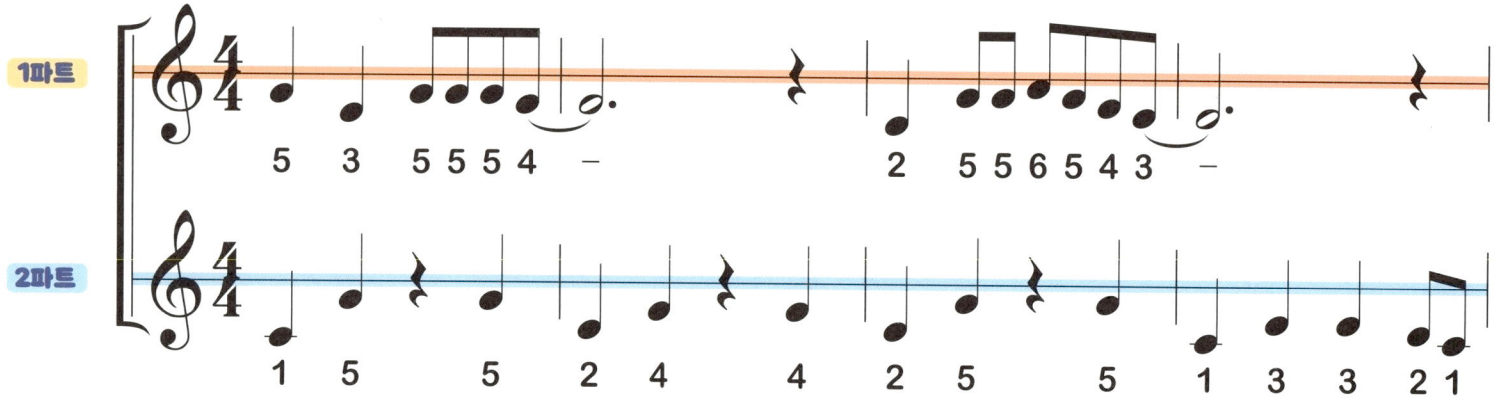

1파트
5 3 5 5 5 4 — 2 5 5 6 5 4 3 —

2파트
1 5 5 2 4 4 2 5 5 1 3 3 2 1

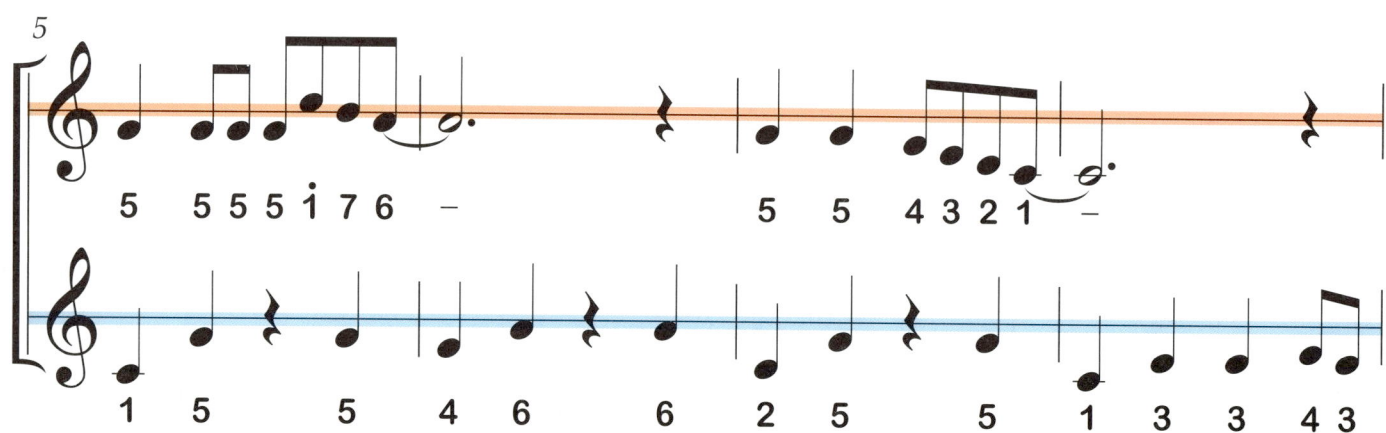

1파트
5 5 5 5 1 7 6 — 5 5 4 3 2 1 —

2파트
1 5 5 4 6 6 2 5 5 1 3 3 4 3

9
5 3 3 5 5 5 4 – 2 5 5 6 5 4 3 –
1 5 5 2 4 4 2 5 5 1 3 3 4 5
13
5 5 5 1̇ 7 6 6 6 1̇ 7 5 7 1̇ 2̇ 1̇ –
1 5 5 4 6 6 2 5 5 1 3 3 2 1
17
5 3 3 5 5 5 4 – 2 5 5 6 5 4 3 –
1 5 5 2 4 4 2 5 5 1 3 3 2 1
21
5 5 5 1̇ 7 6 6 6 1̇ 7 5 7 1̇ 2̇ 1̇ –
1 5 5 4 6 6 2 5 5 1 5 4 3 1

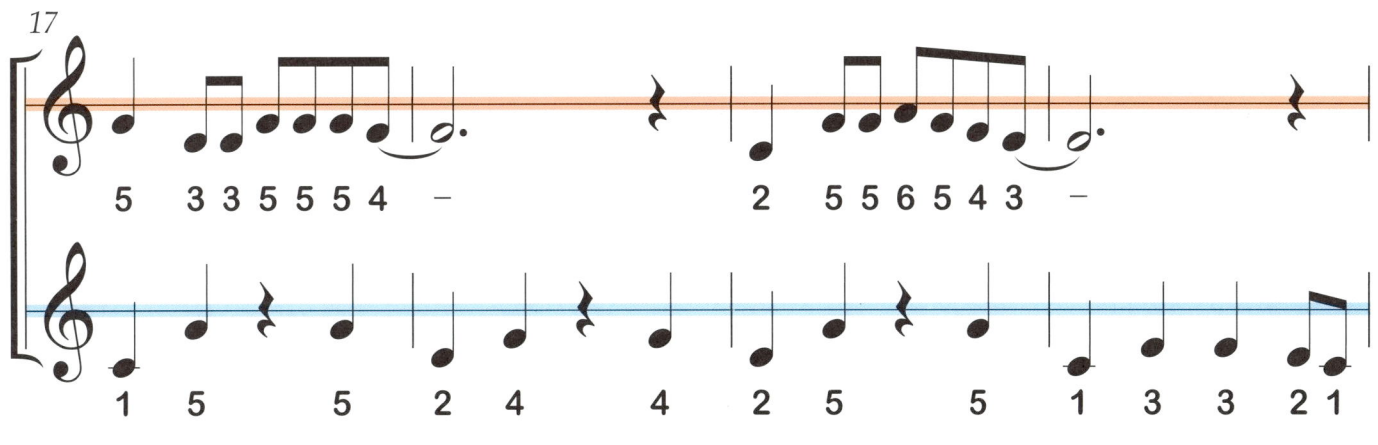

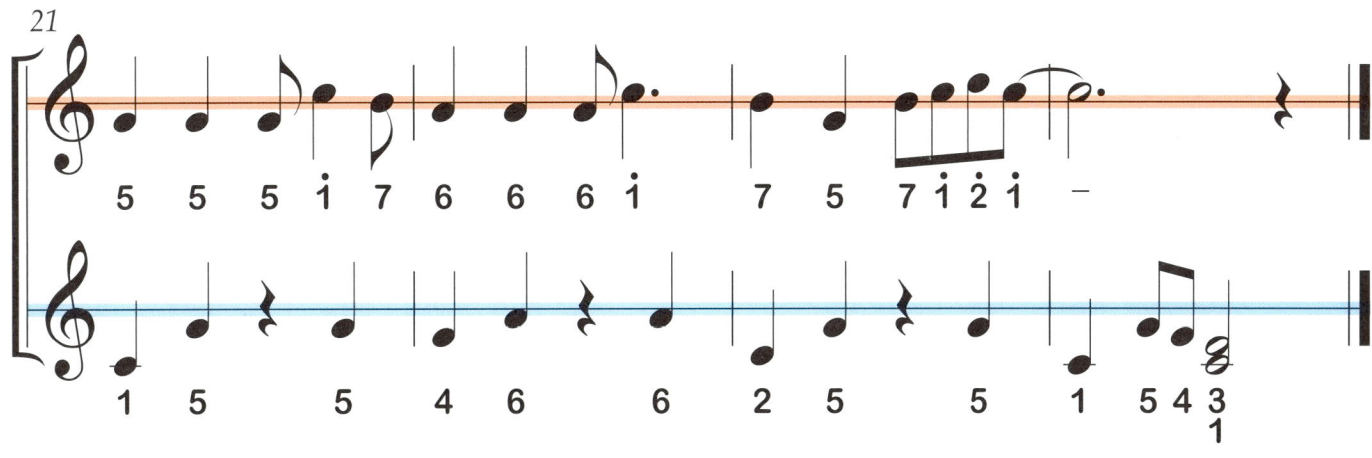

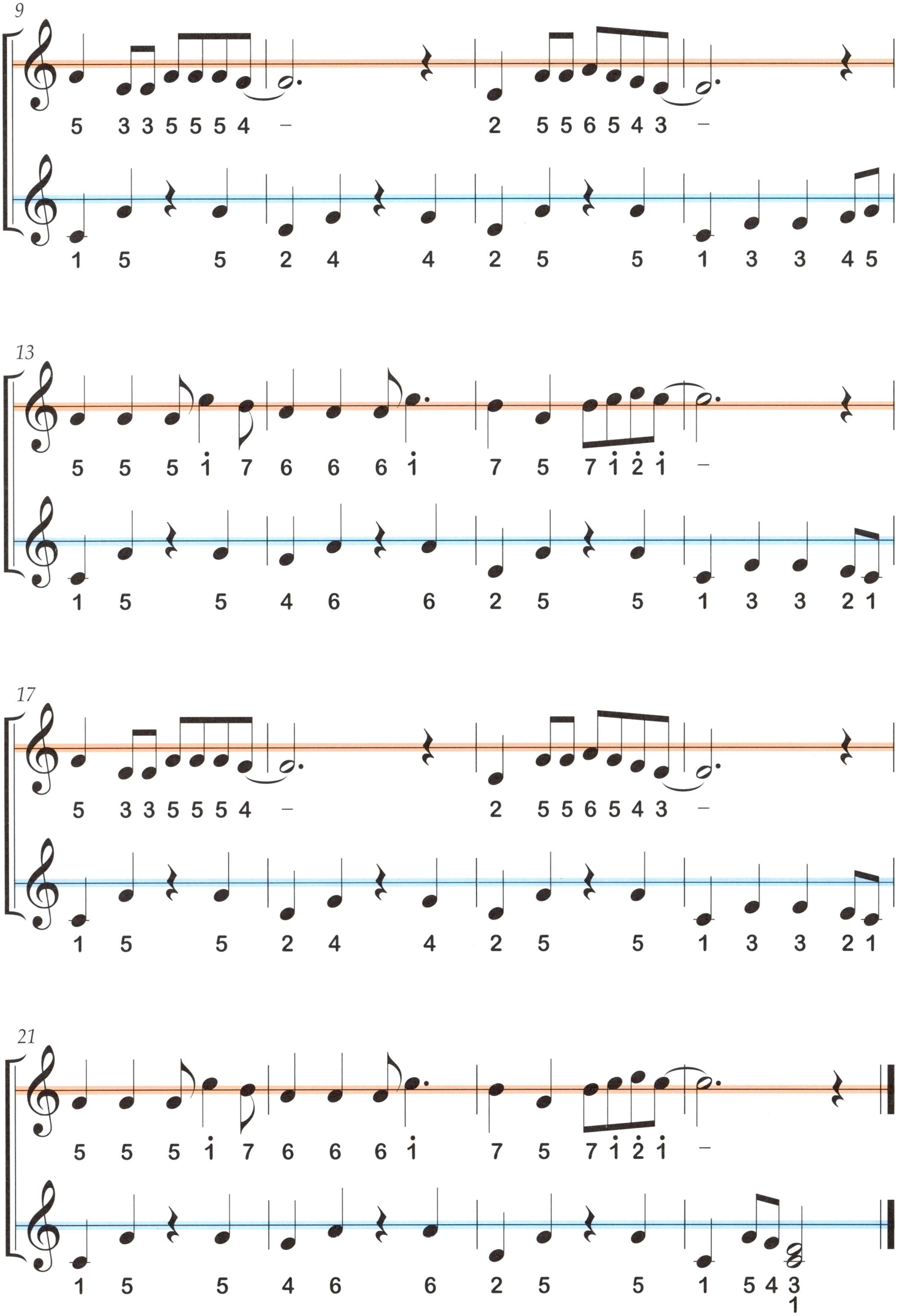

도레미 송

오스카 해머스타인 외 1명 작곡

♬ 1파트

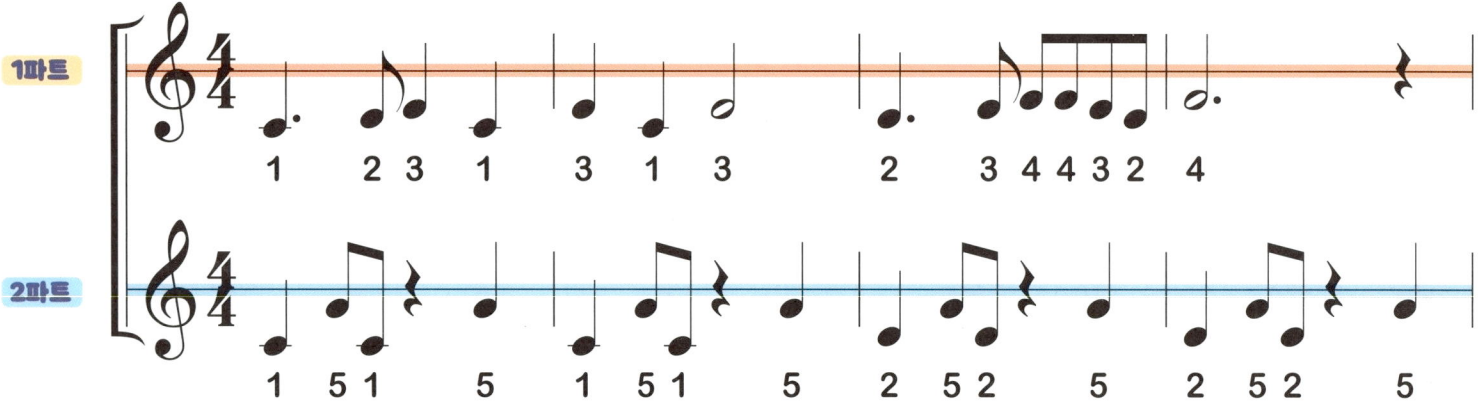

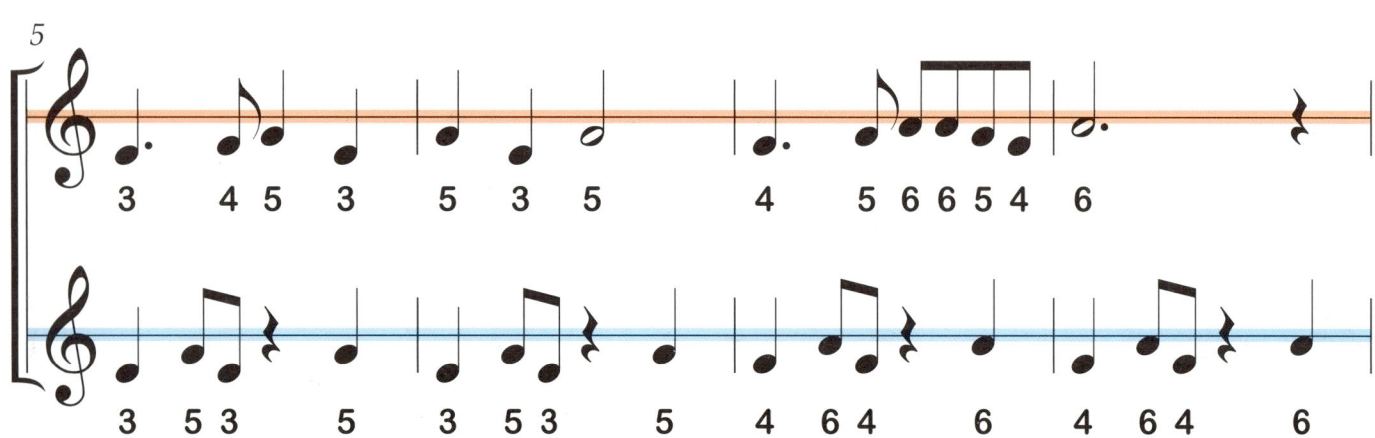

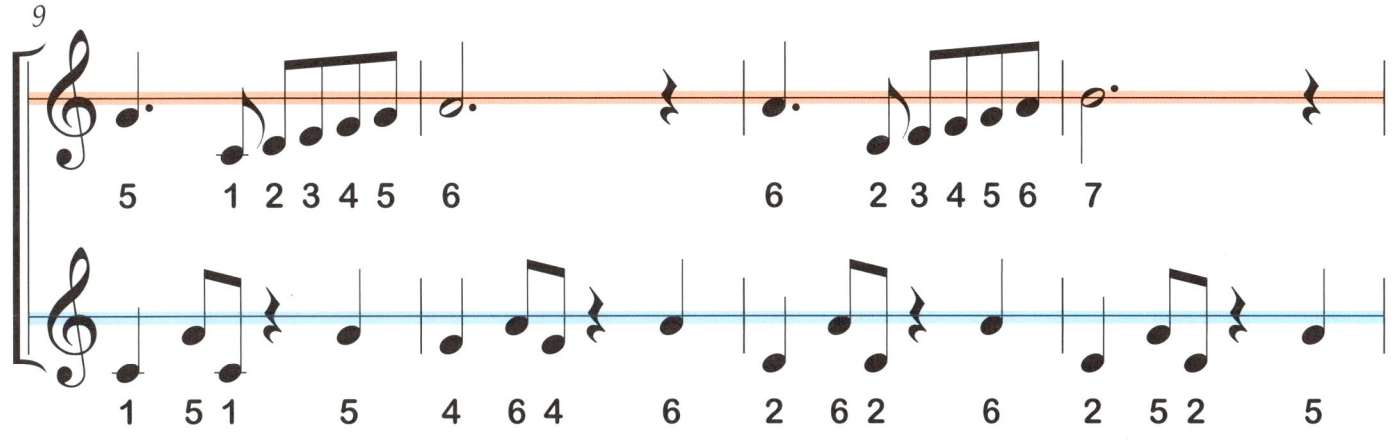

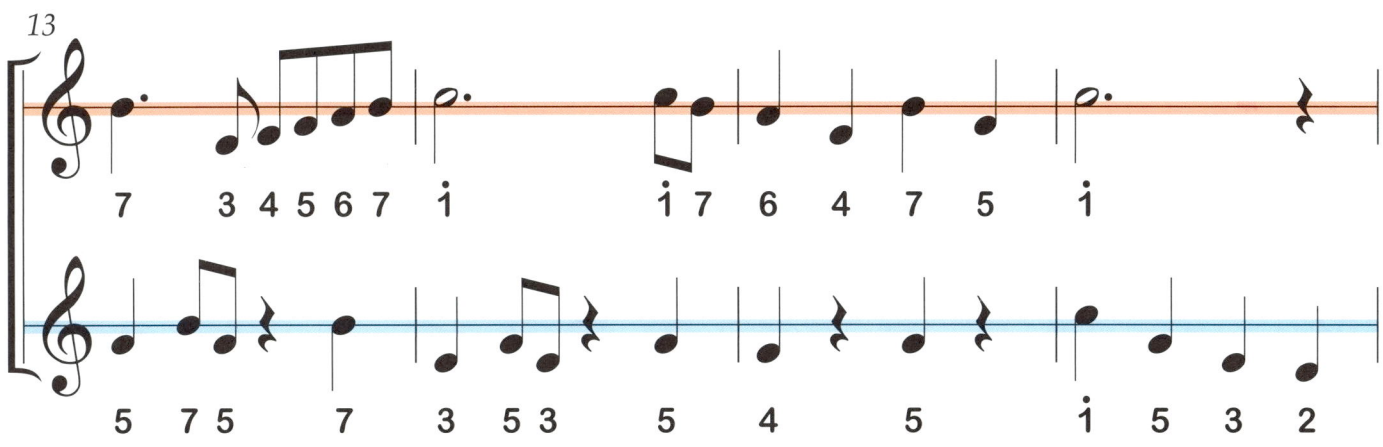

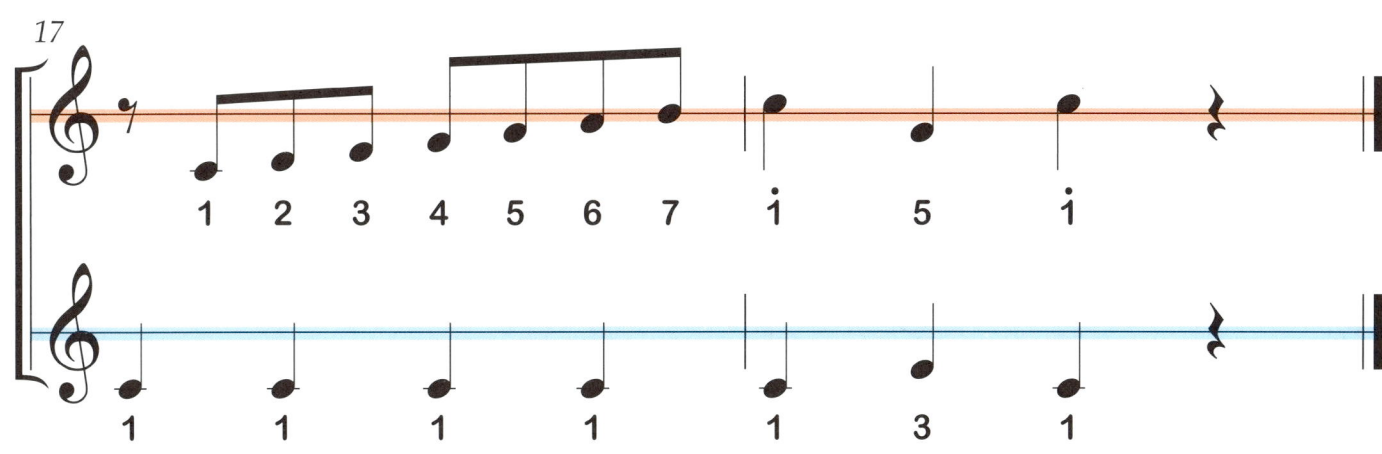

학교 가는 길

김광민 작곡

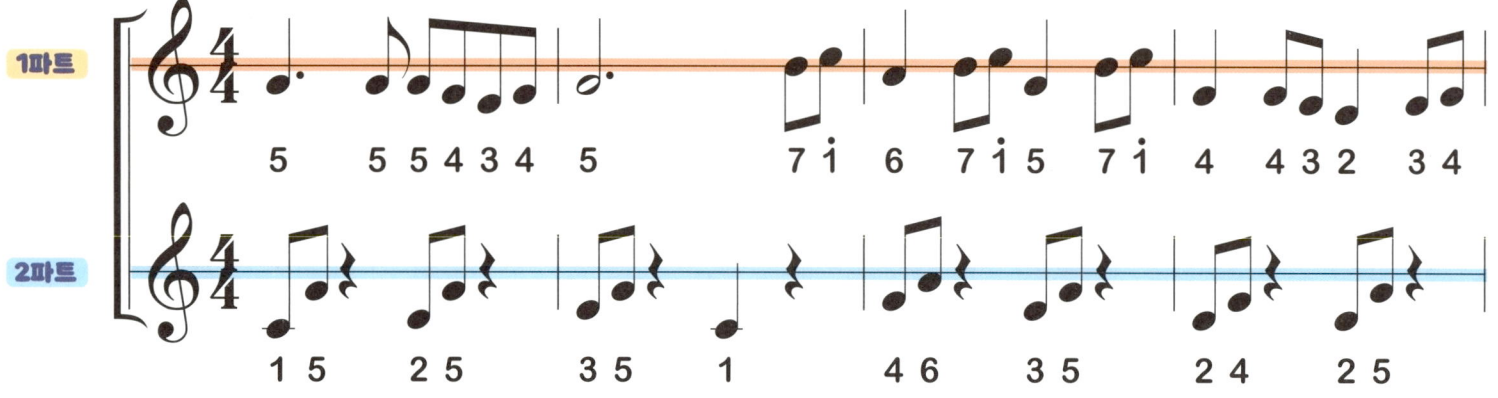

1파트
5   5 5 4 3 4   5   7 1 6   7 1 5   7 1 4   4 3 2   3 4

2파트
1 5   2 5   3 5   1   4 6   3 5   2 4   2 5

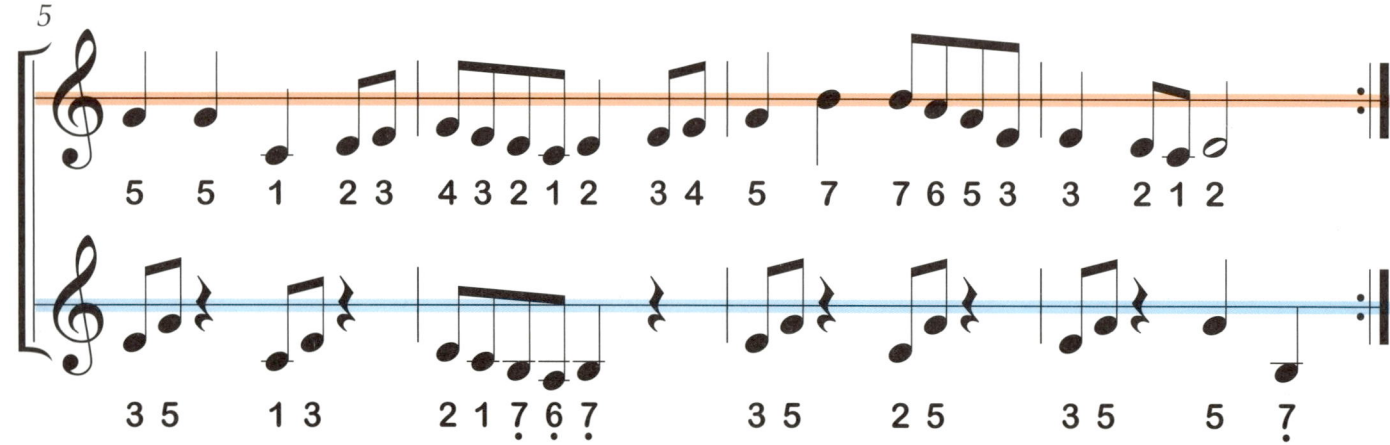

1파트
5 5 1 2 3   4 3 2 1 2   3 4 5 7   7 6 5 3 3   2 1 2

2파트
3 5   1 3   2 1 7 6 7   3 5   2 5   3 5   5 7

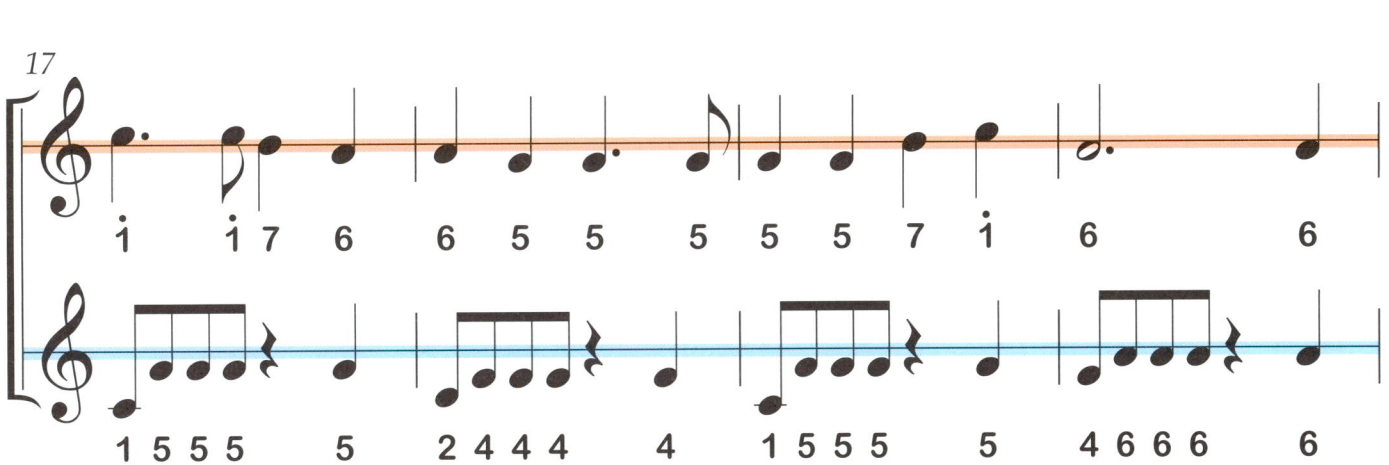

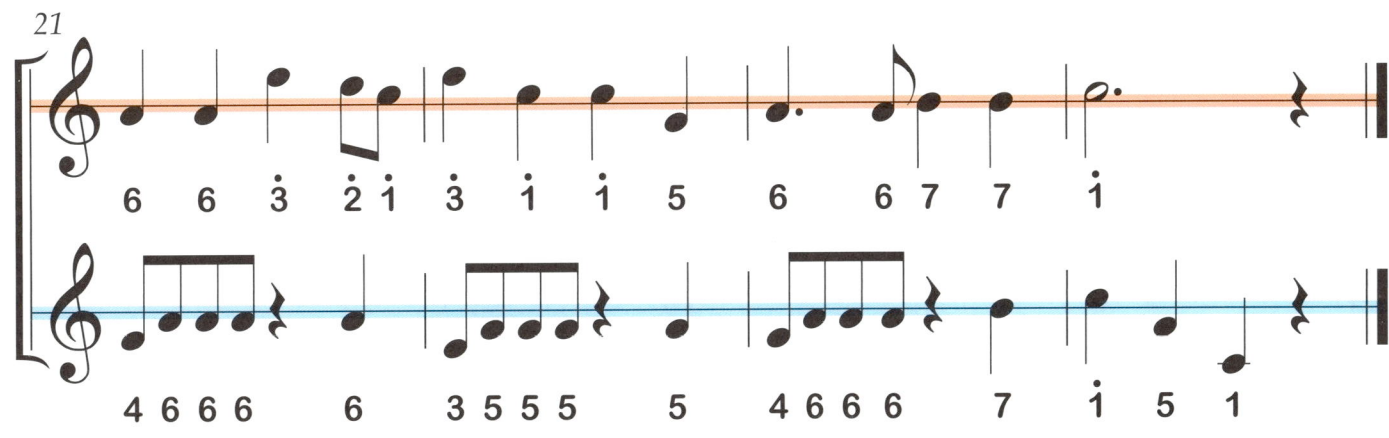

쁘띠 피노키오

크리스티앙 루이즈 작곡

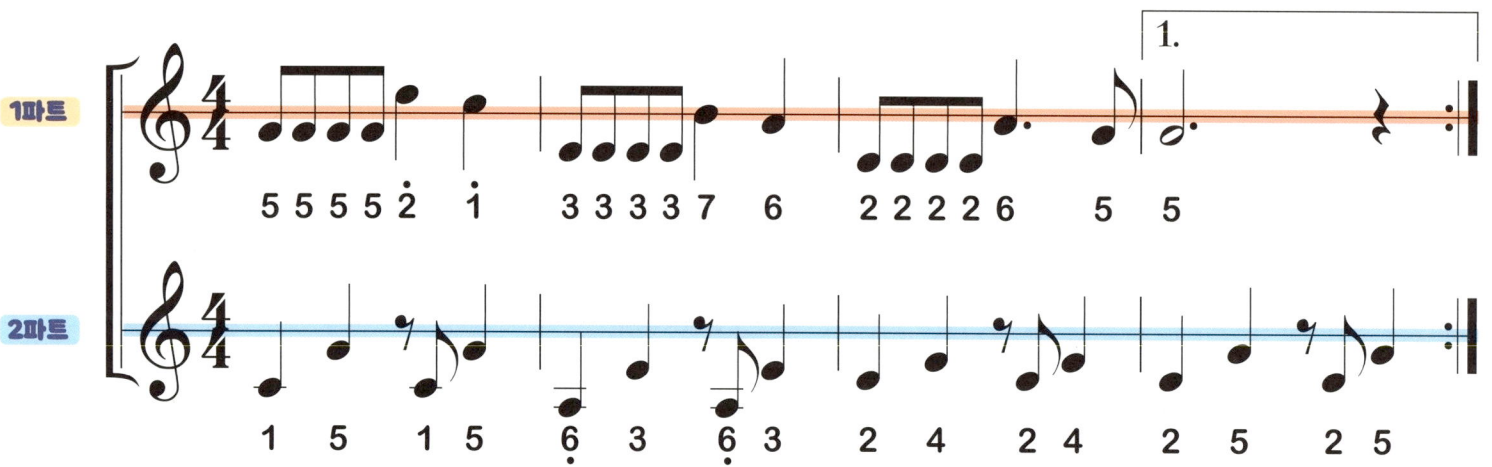

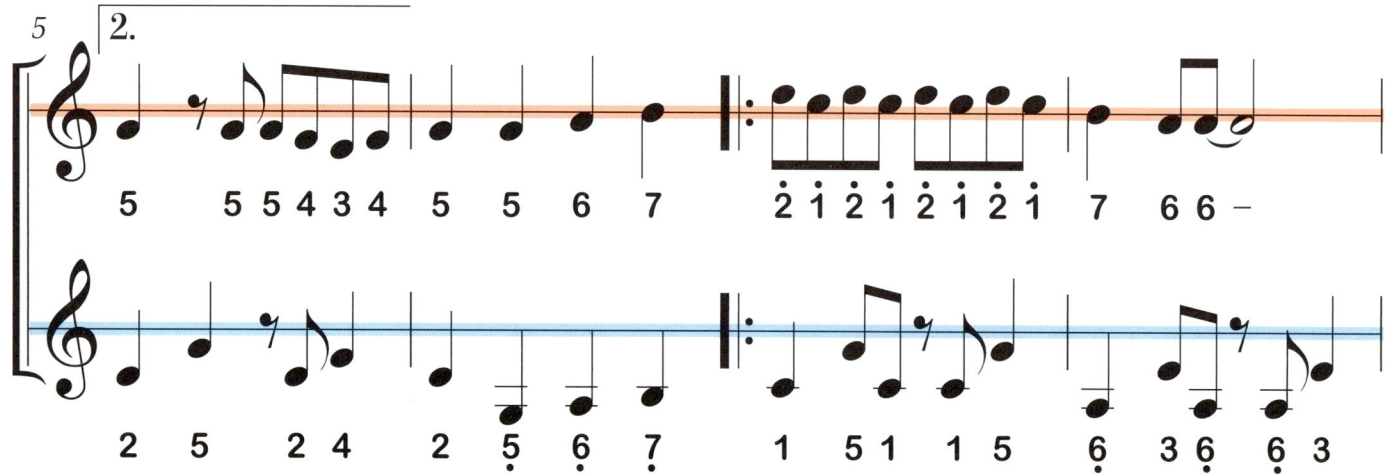

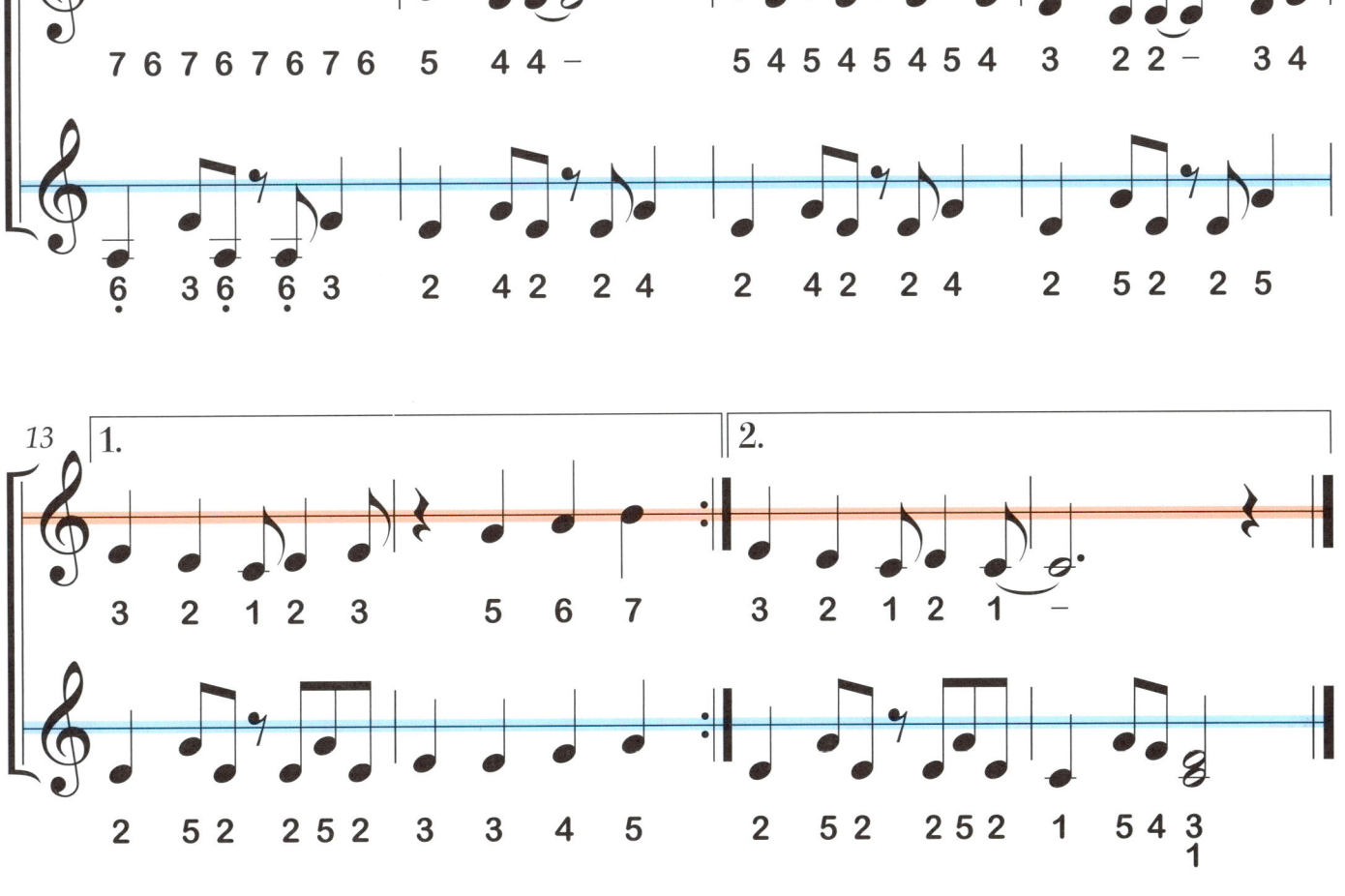

사계 중 봄

비발디 작곡

♬ 1파트

C1	D2	E3	F4	G5	A6	B7	Ċ1
B7	A6	G5				Ḟ4	Ė3	Ḋ2

♬ 2파트

C1	D2	E3	F4	G5	A6	B7	Ċ1
B7	A6	G5				Ḟ4	Ė3	Ḋ2

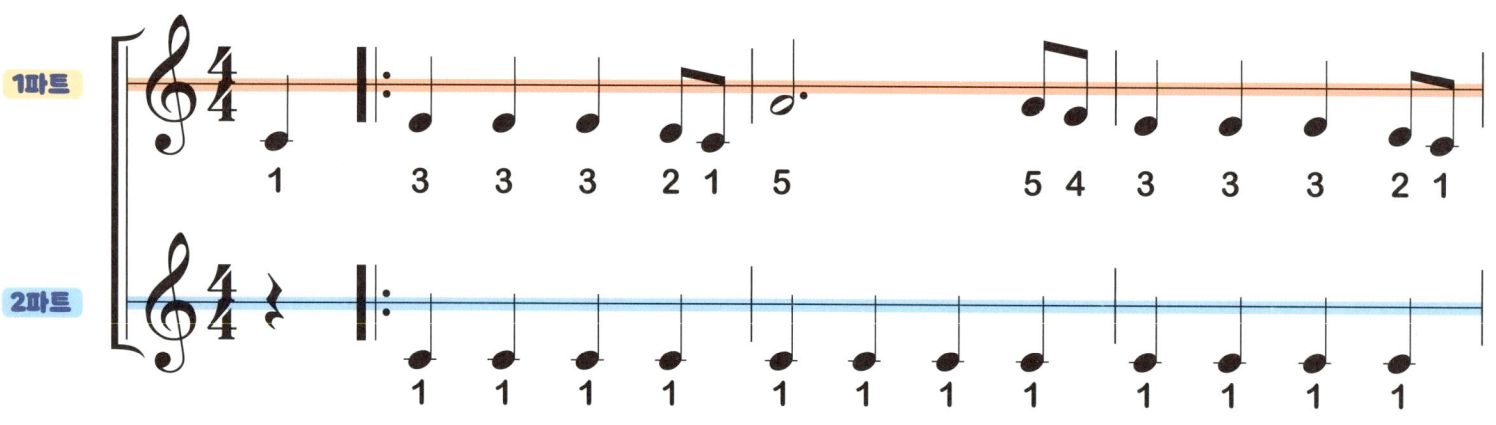

1파트
2파트

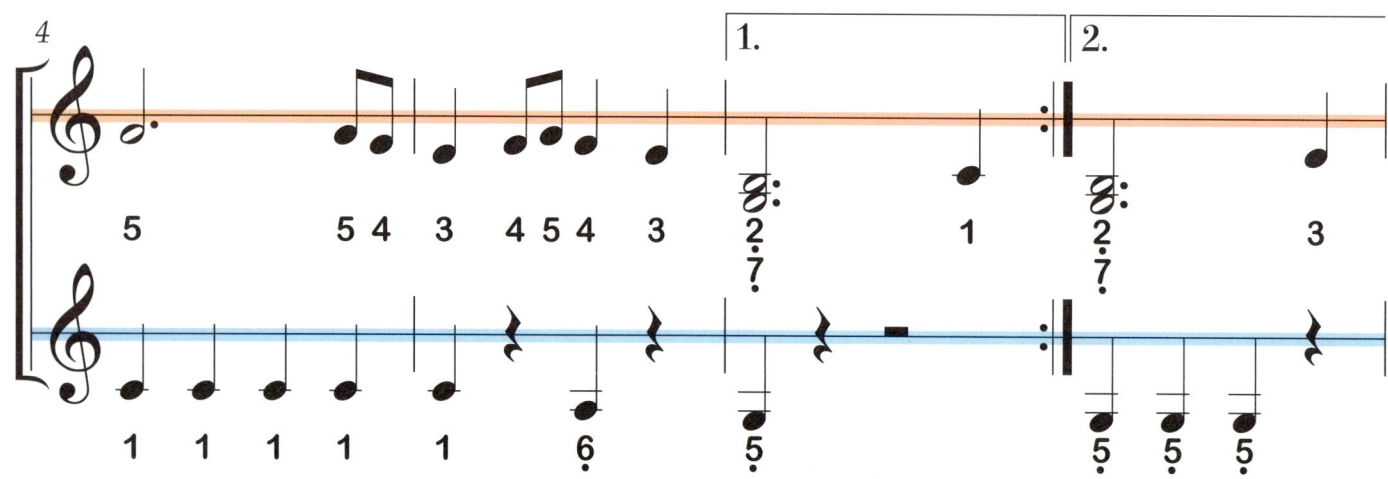

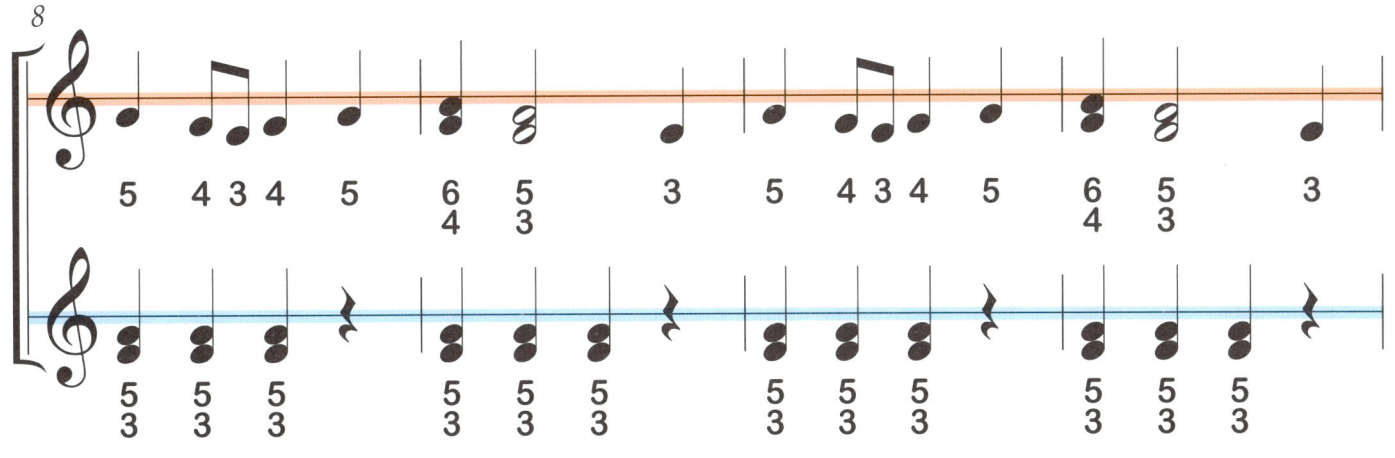

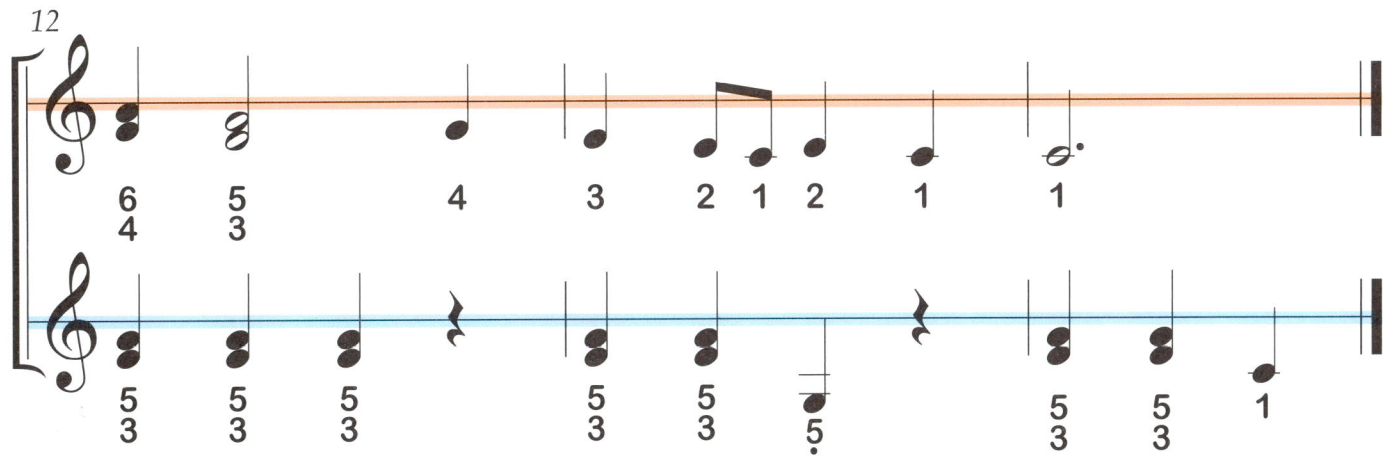

농부칸타타 중 아리아

바흐 작곡

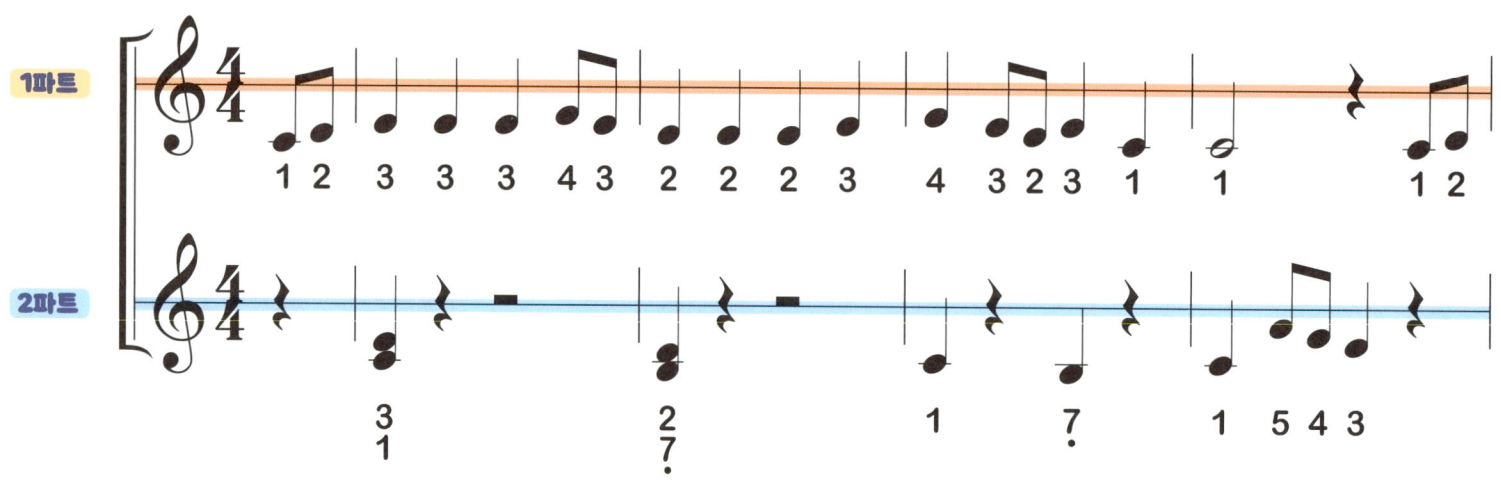

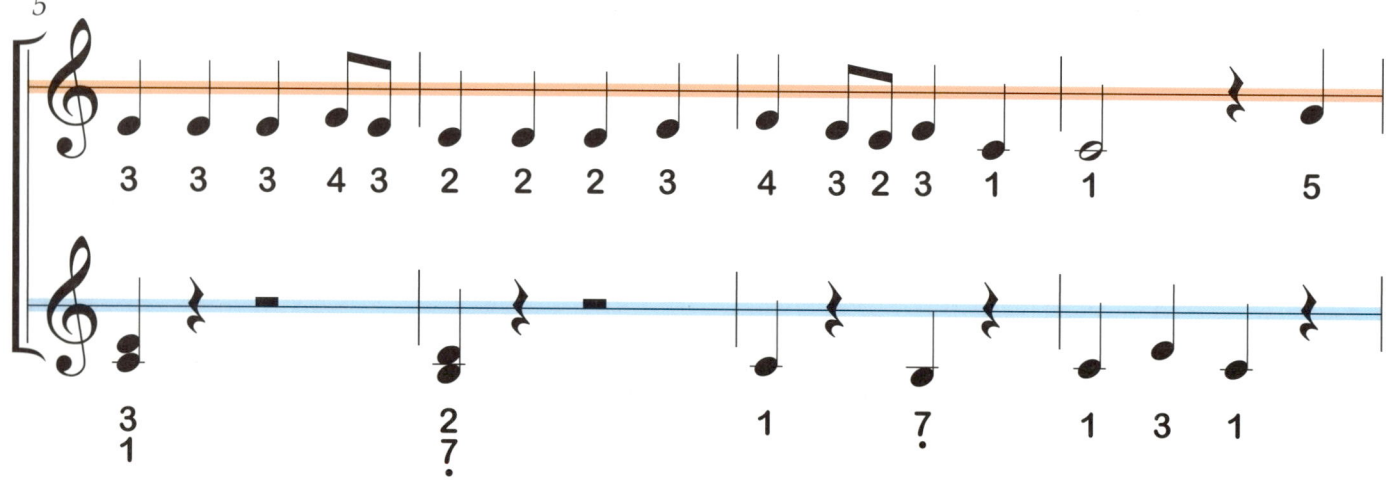

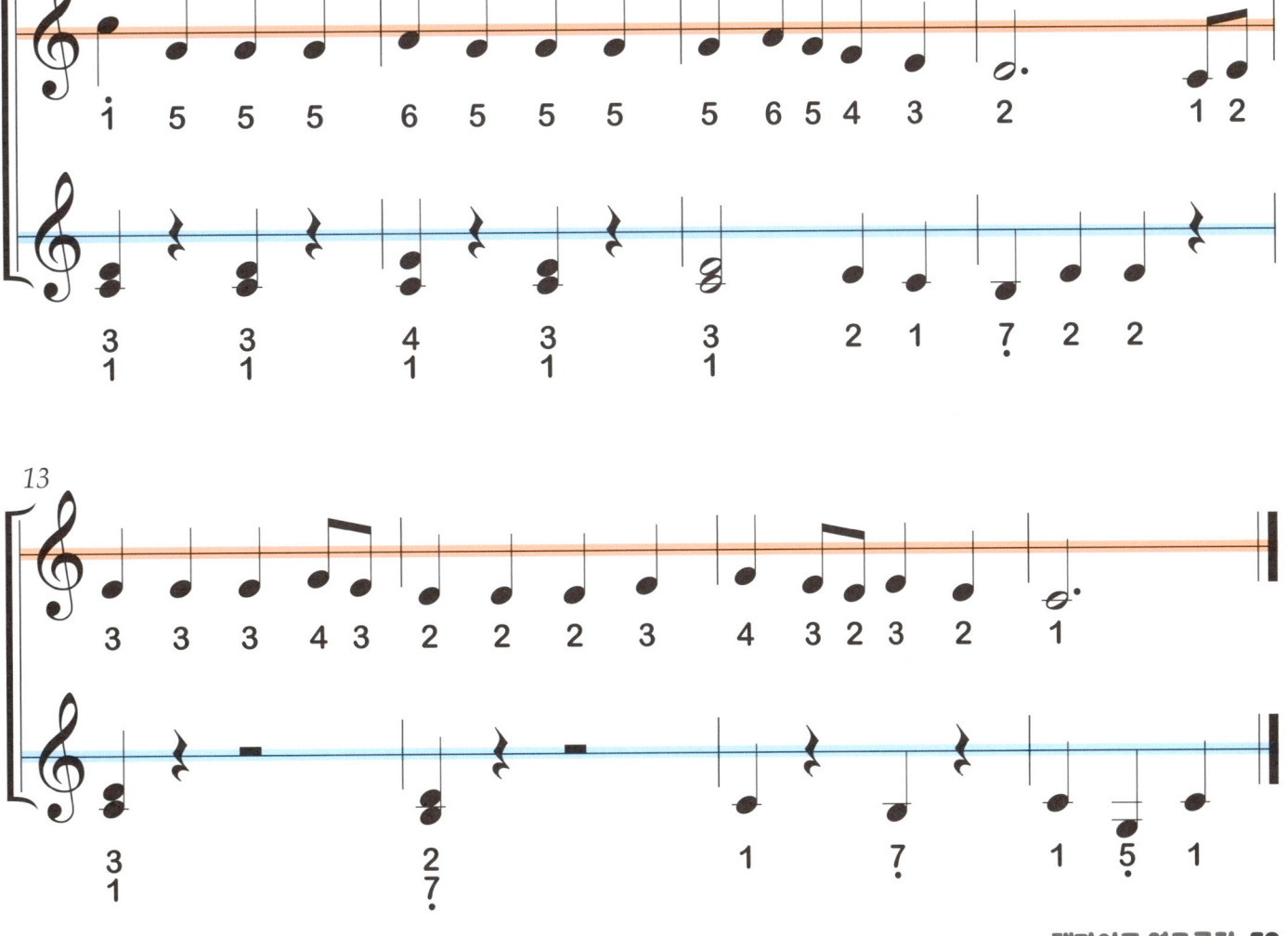

윌리엄 텔 서곡

로시니 작곡

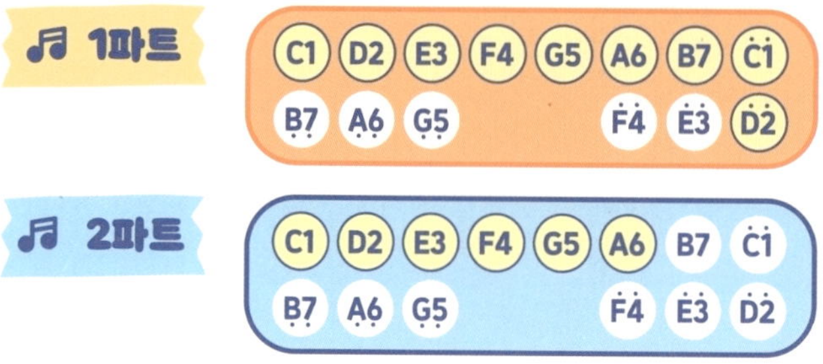

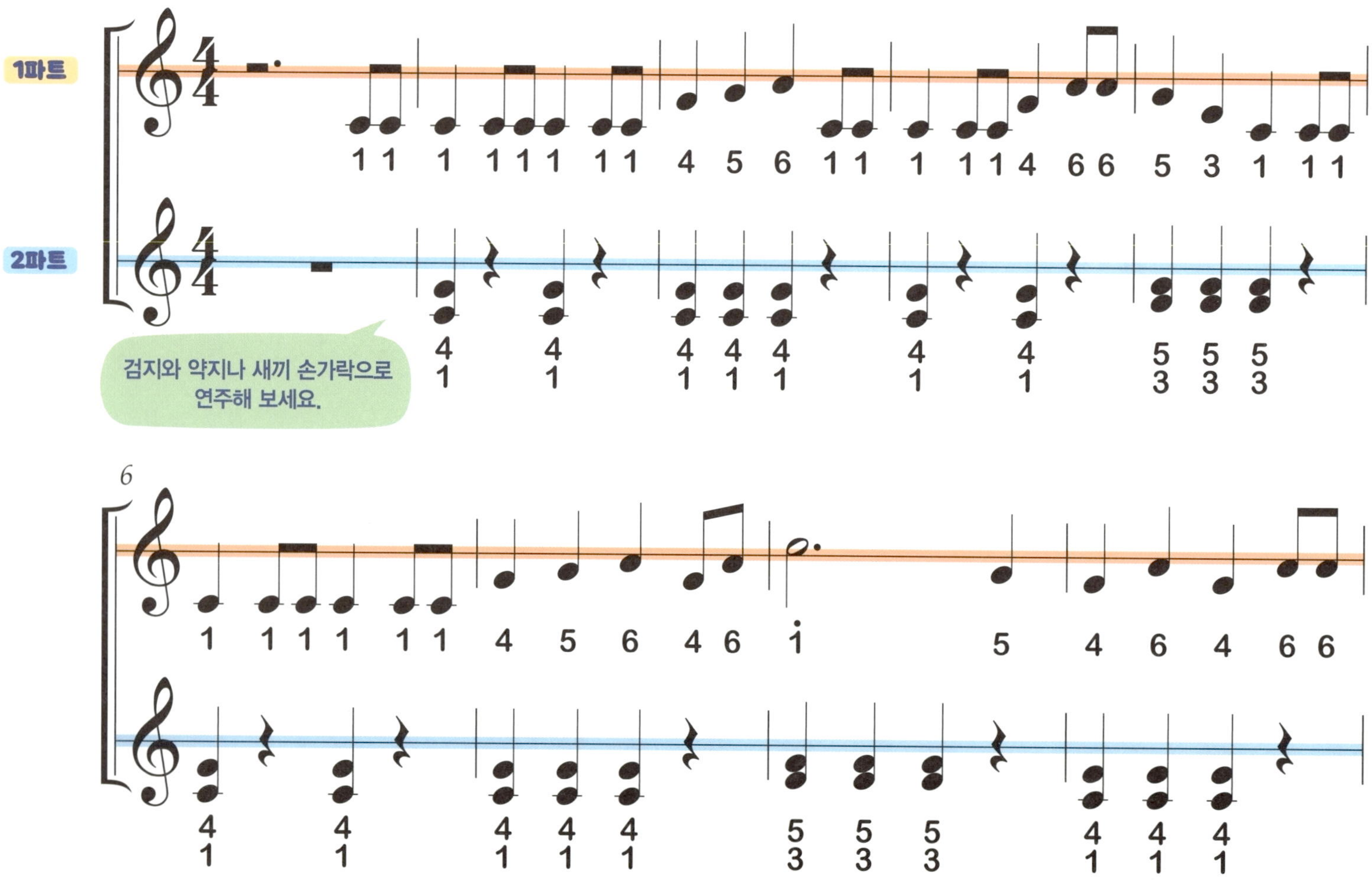

둥글게 둥글게

이수인 작곡

🎵 **1파트**

C1	D2	E3	F4	G5	A6	B7	Ċ1
B̦7	A̦6	G̦5			Ḟ4	Ė3	Ḋ2

🎵 **2파트**

C1	D2	E3	F4	G5	A6	B7	Ċ1
B̦7	A̦6	G̦5			Ḟ4	Ė3	Ḋ2

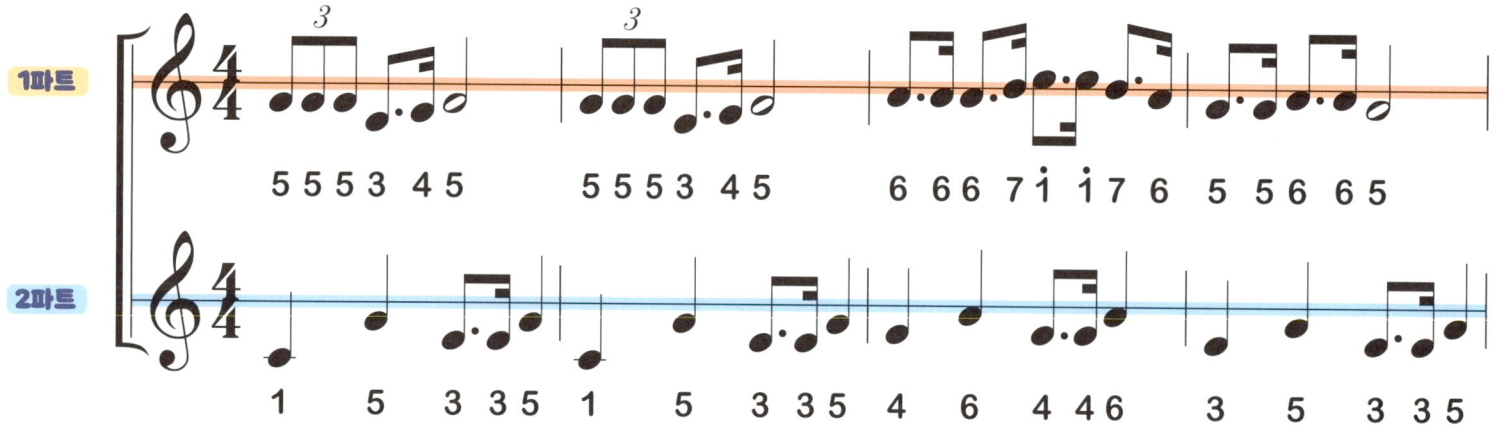

1파트

5 5 5 3 4 5　　5 5 5 3 4 5　　6 6 6 7 1̇ 1̇ 7 6　5 5 6 6 5

2파트

1　5　3 3 5　1　5　3 3 5　4　6　4 4 6　3　5　3 3 5

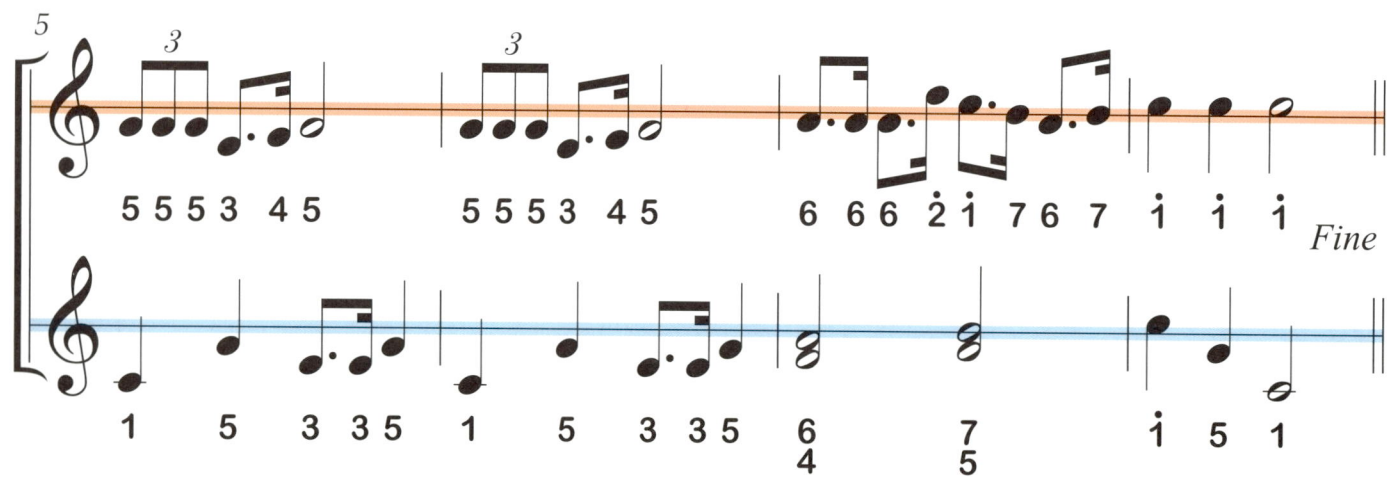

1파트

5 5 5 3 4 5　　5 5 5 3 4 5　　6 6 6 2̇ 1̇ 7 6 7　1̇　1̇　1̇

Fine

2파트

1　5　3 3 5　1　5　3 3 5　6/4　7/5　1̇ 5 1

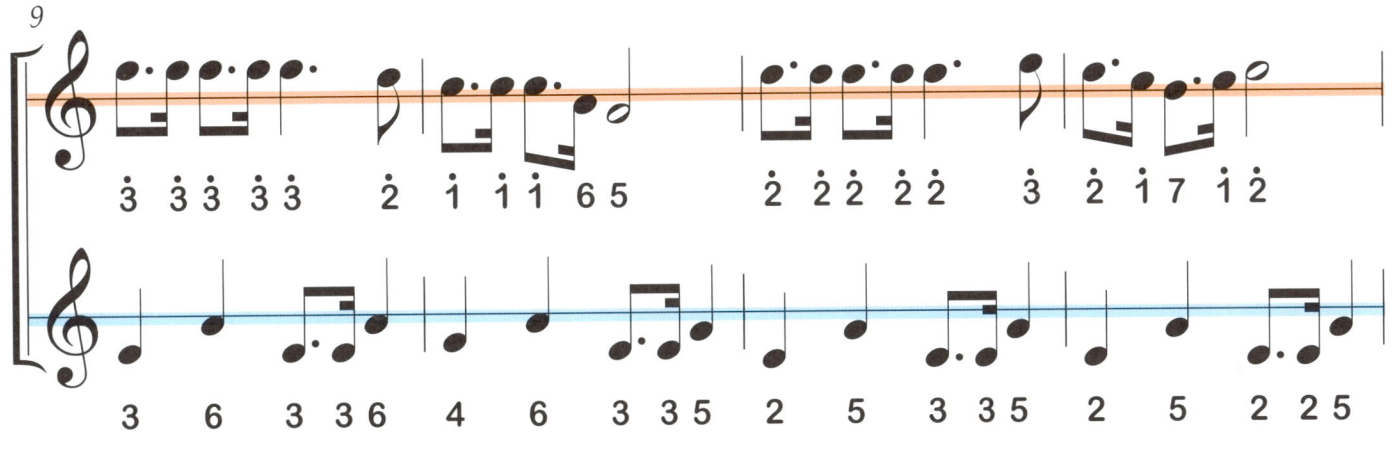

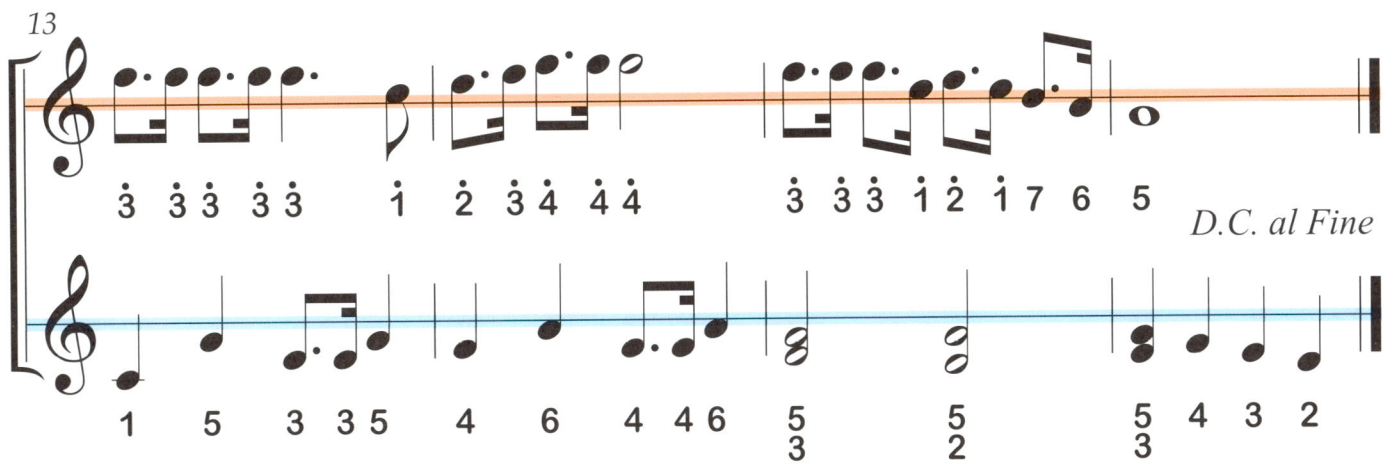

D.C. al Fine

Eye of the Tiger

짐 피터릭 외 1명 작곡

♬ 1파트

C1	D2	E3	F4	G5	A6	B7	Ċ1
B7	A6	G5			Ḟ4	Ė3	Ḋ2

♬ 2파트

C1	D2	E3	F4	G5	A6	B7	Ċ1
B7	A6	G5			Ḟ4	Ė3	Ḋ2

마라카스와 함께 연주하면
원곡의 분위기를 더 살릴 수 있어요.

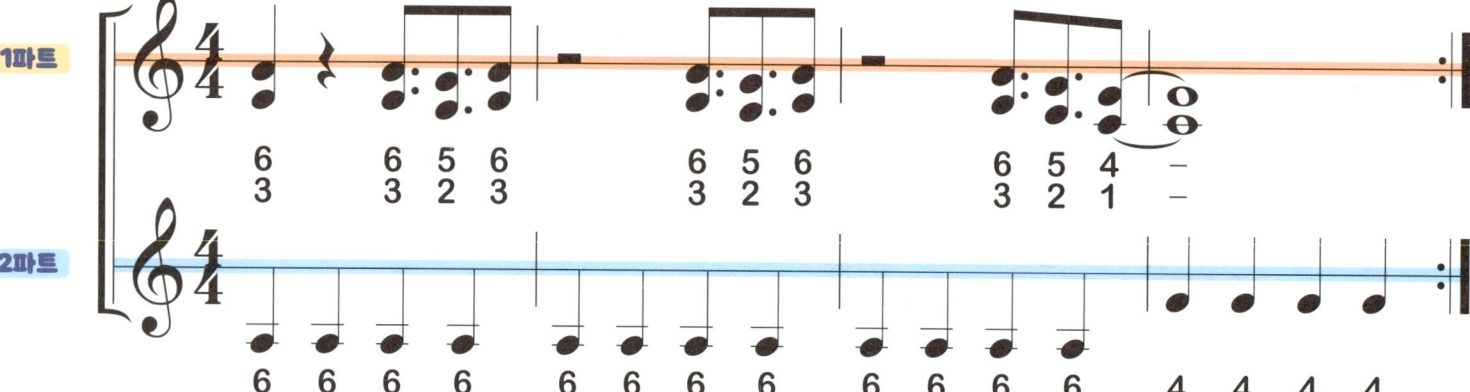

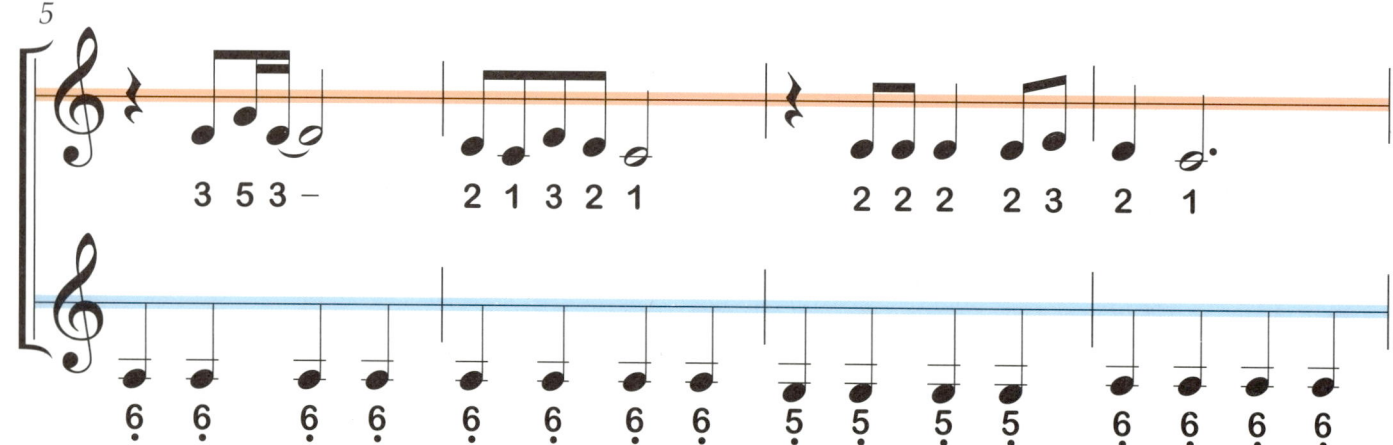

64

젓가락 행진곡

유피미아 앨런 작곡

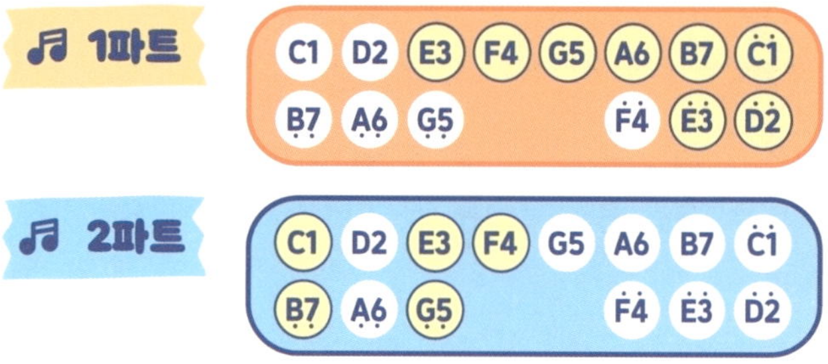

Soda Pop

24 외 3명 작곡

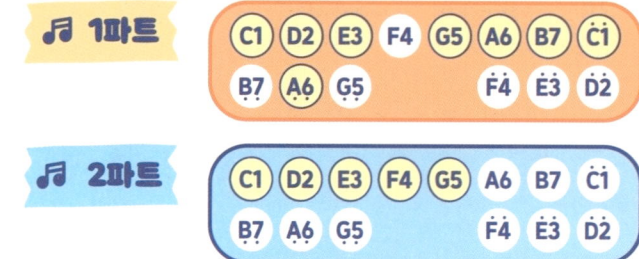

♬ 1파트

C1	D2	E3	F4	G5	A6	B7	Ċ1
Ḃ7	Ȧ6	Ġ5			Ḟ4	Ė3	Ḋ2

♬ 2파트

C1	D2	E3	F4	G5	A6	B7	Ċ1
Ḃ7	Ȧ6	Ġ5			Ḟ4	Ė3	Ḋ2

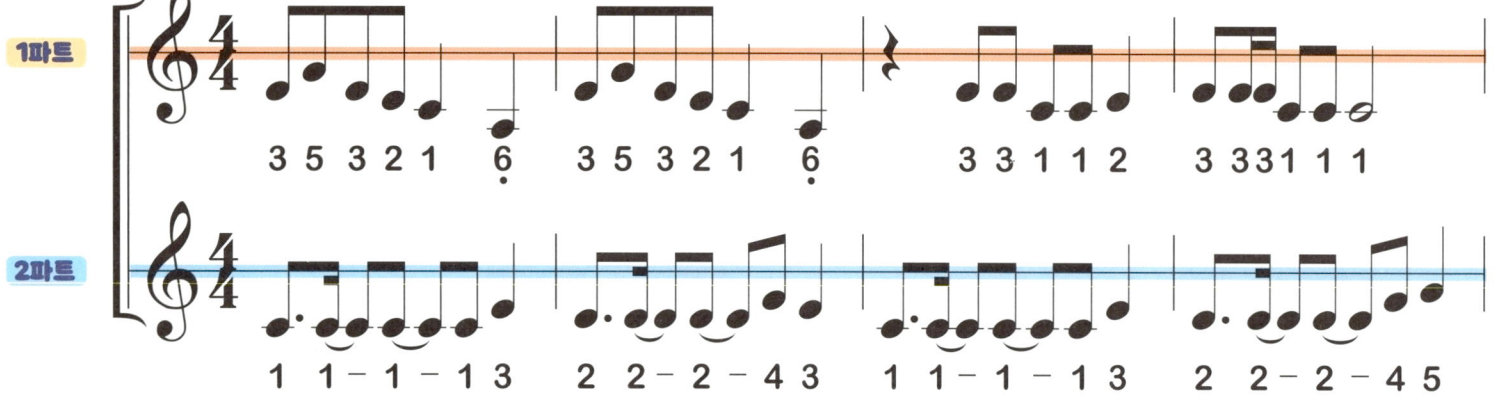

1파트
3 5 3 2 1 6 3 5 3 2 1 6 3 3 1 1 2 3 3 3 1 1 1

2파트
1 1 - 1 - 1 3 2 2 - 2 - 4 3 1 1 - 1 - 1 3 2 2 - 2 - 4 5

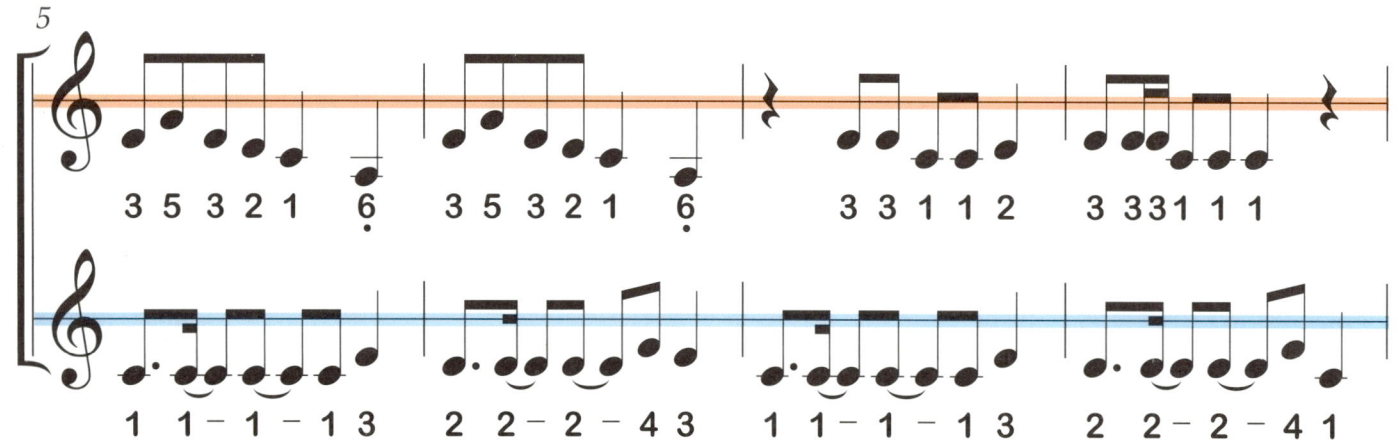

1파트
3 5 3 2 1 6 3 5 3 2 1 6 3 3 1 1 2 3 3 3 1 1 1

2파트
1 1 - 1 - 1 3 2 2 - 2 - 4 3 1 1 - 1 - 1 3 2 2 - 2 - 4 1

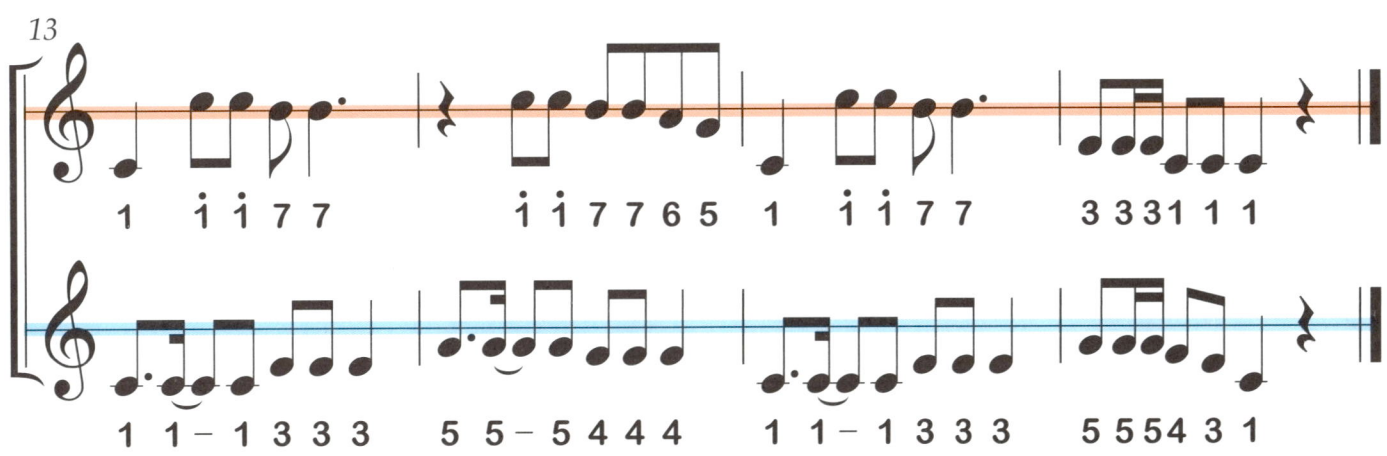

Under the Sea

알란 멘켄 작곡

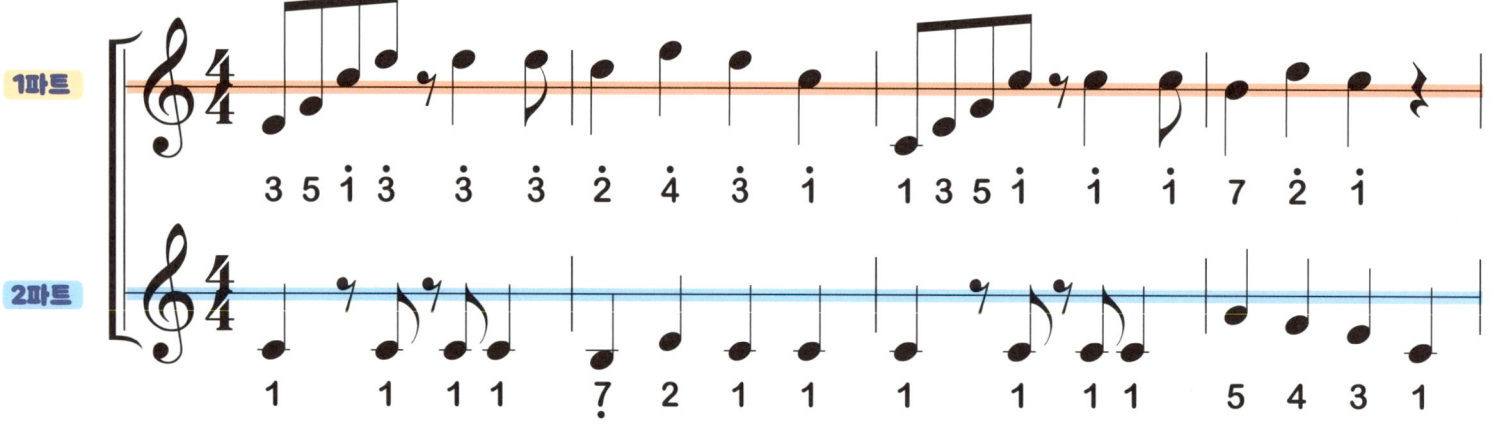

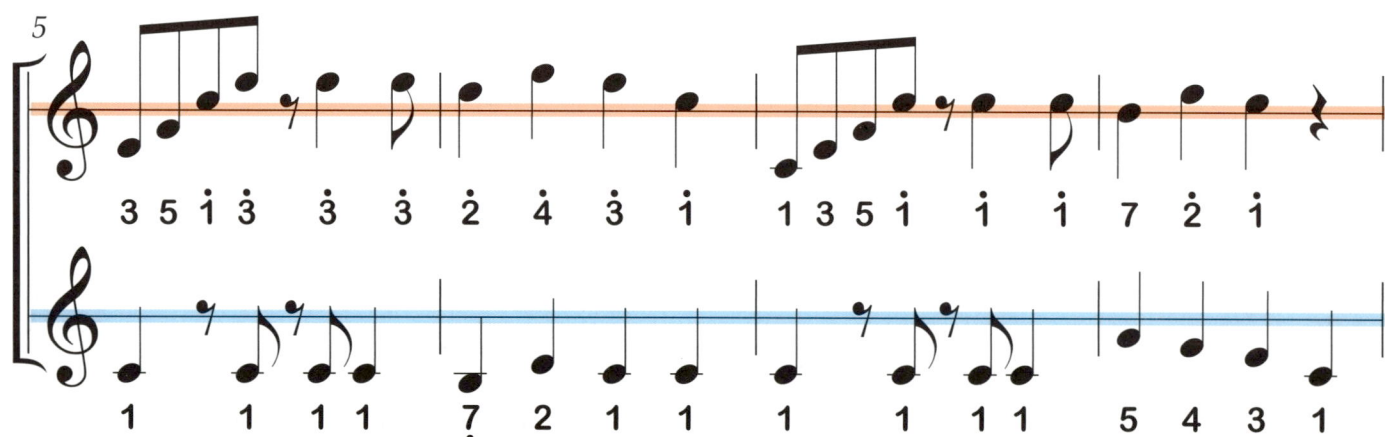

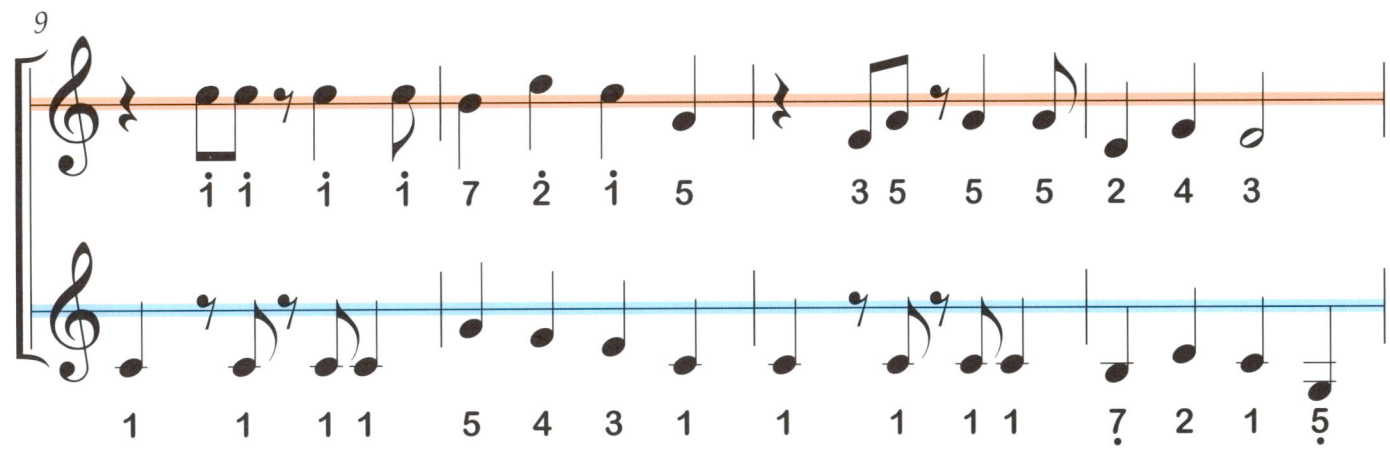

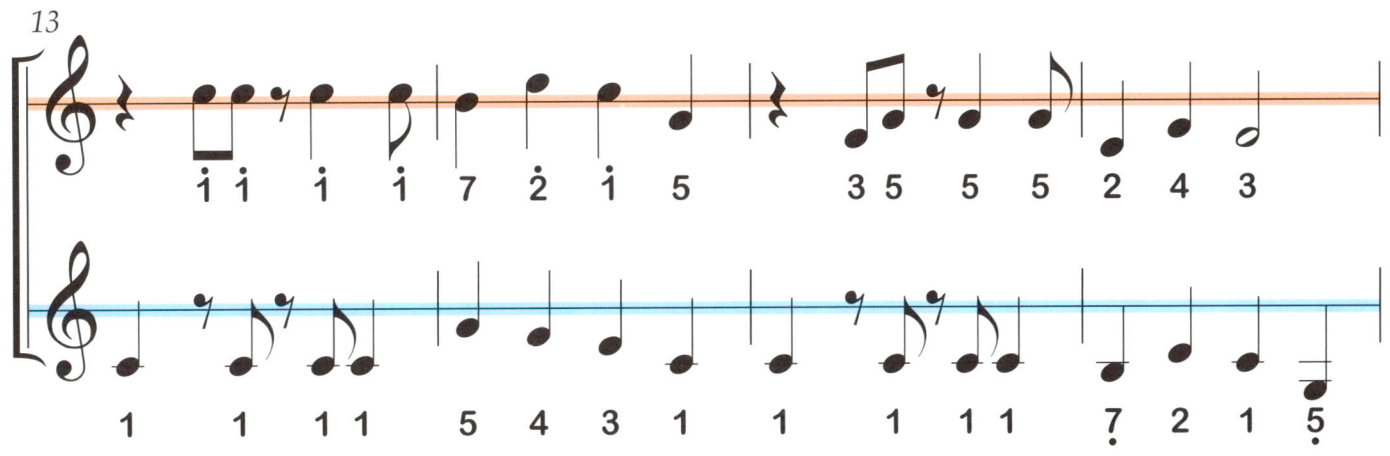

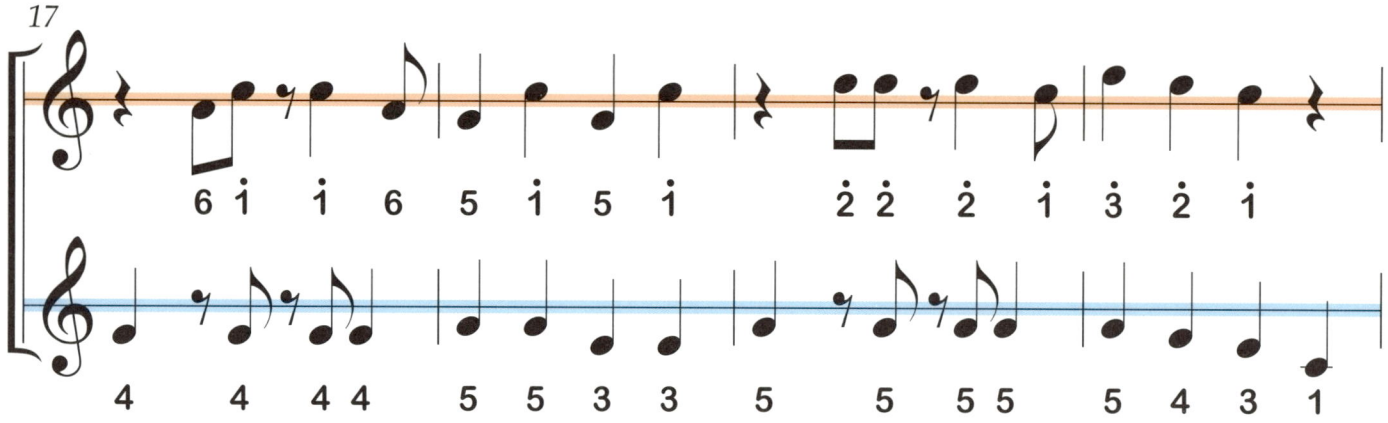

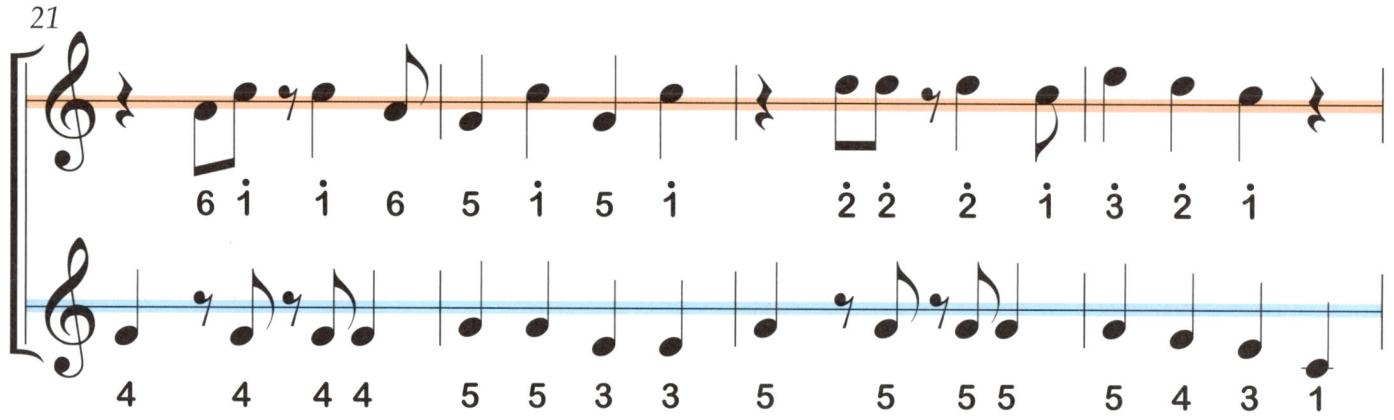

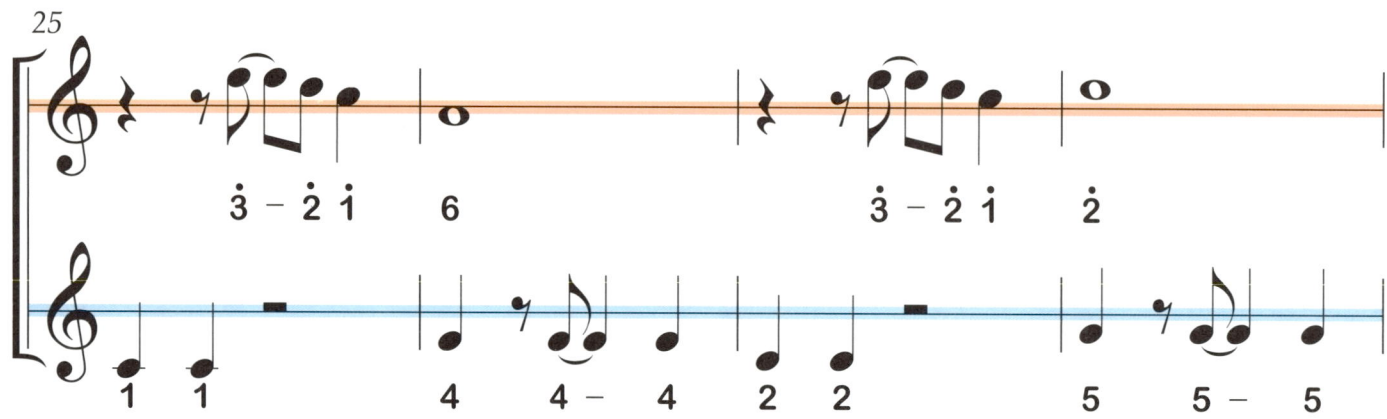

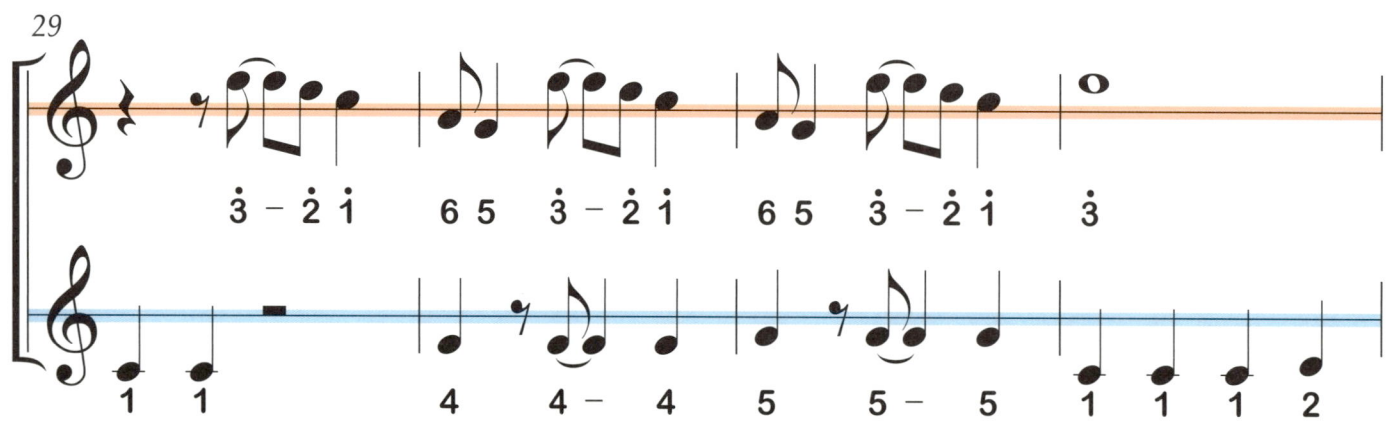

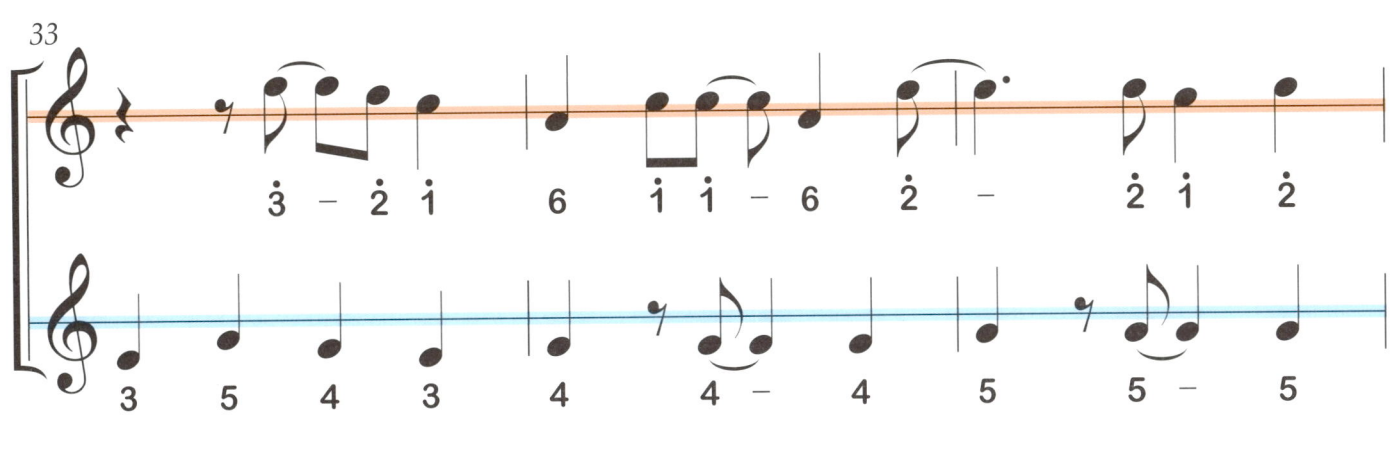

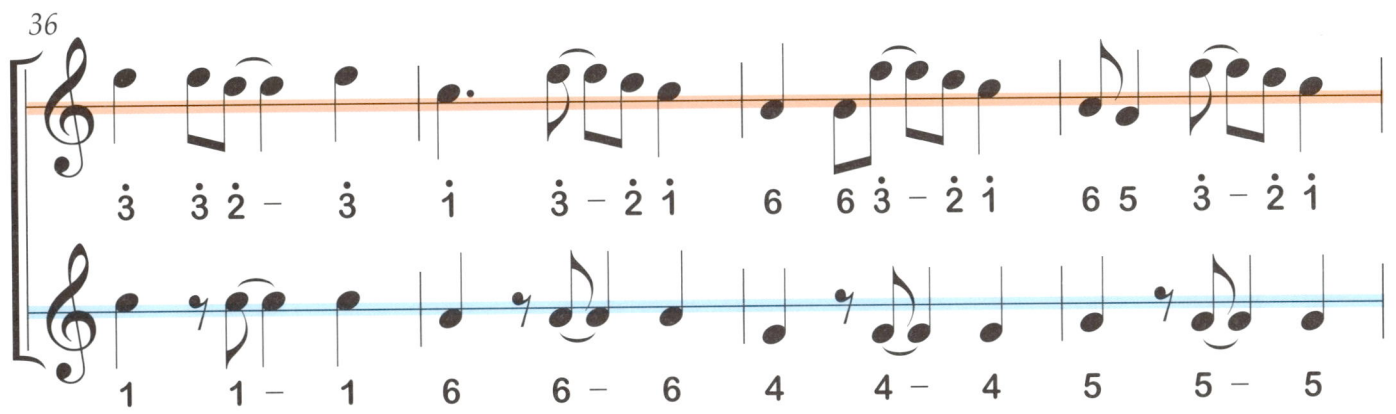

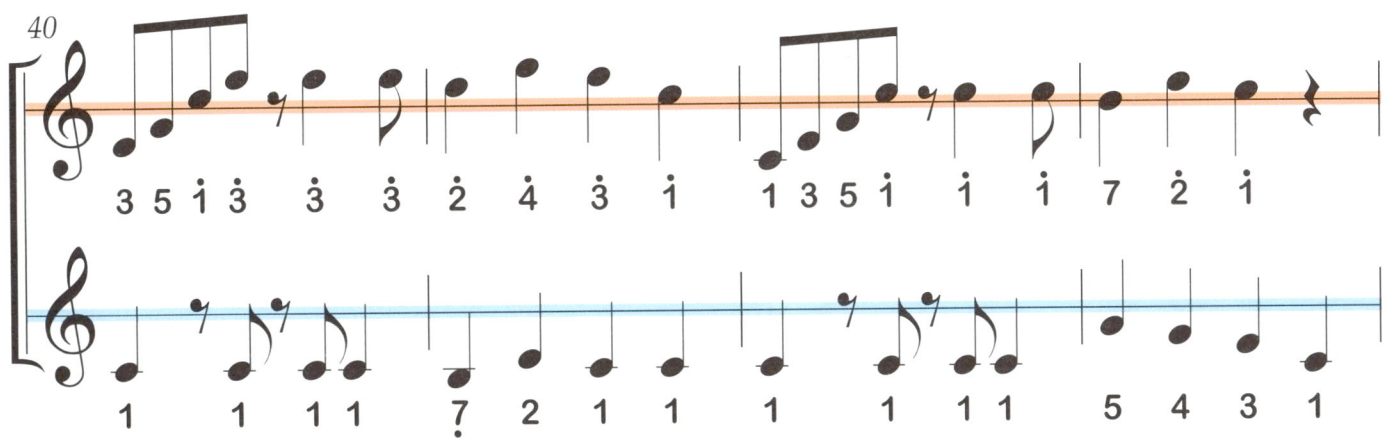

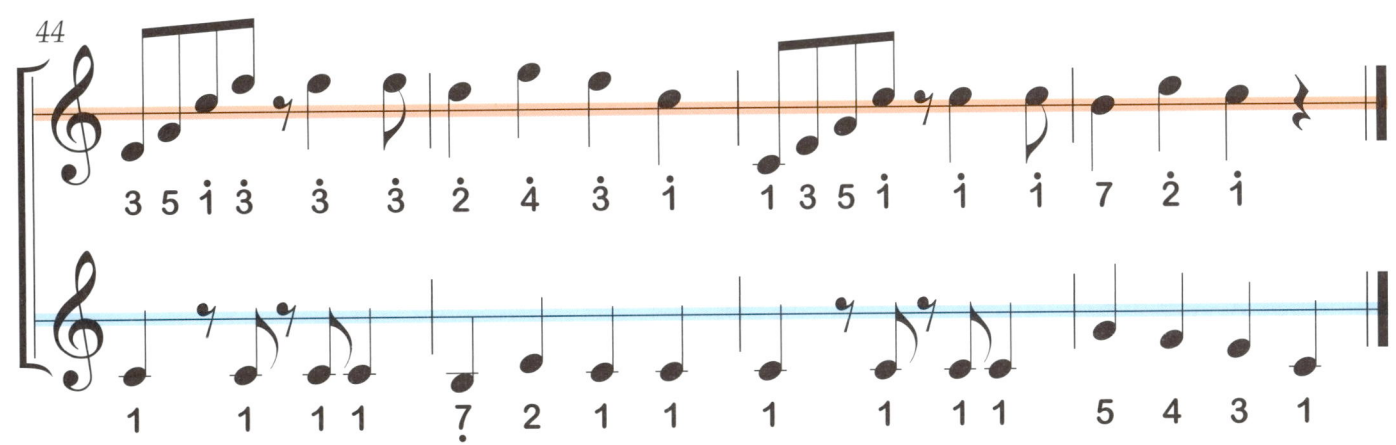

톡톡!

3장

반음 링을 활용한 연주

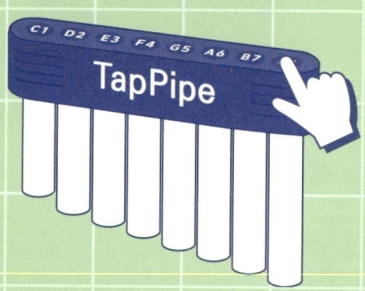

TapPipe

♪ **연주하기 전** ♪

파이프에 반음 링을 끼우면 조표와
임시표까지 표현할 수 있으니, 다양한
음을 자유롭게 연주해 보세요.

반음 링 활용법

반음 링은 기본적으로 음을 반음 낮추는 도구입니다. 따라서 B♭을 연주하려면 B파이프에 반음 링을 끼우면 됩니다. C♯처럼 샤프(♯)가 붙은 음을 낼 때는, 실제로는 D음을 반음 내려서 만들어야 합니다. 즉, 원하는 음 보다 한 음 위 파이프에 반음 링을 끼워보세요.

1 지판 그림을 보고 테두리가 진한음을 찾아보세요.
2 찾은 파이프 아래에 반음 링을 2/3정도 끼워 보세요.
3 음정이 정확한지 확인한 후 연주해 보세요.

리듬 악기 노래

이계석 작곡

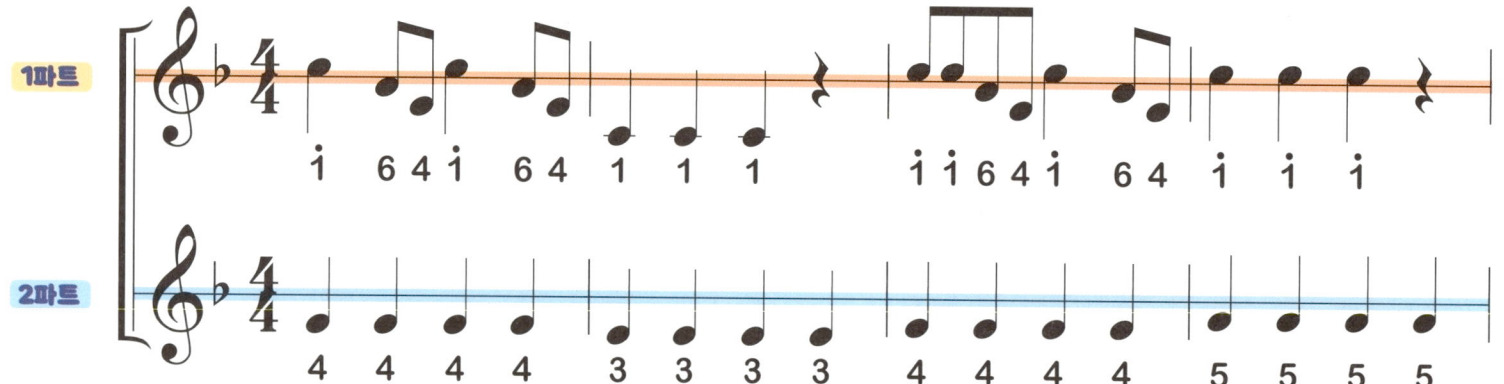

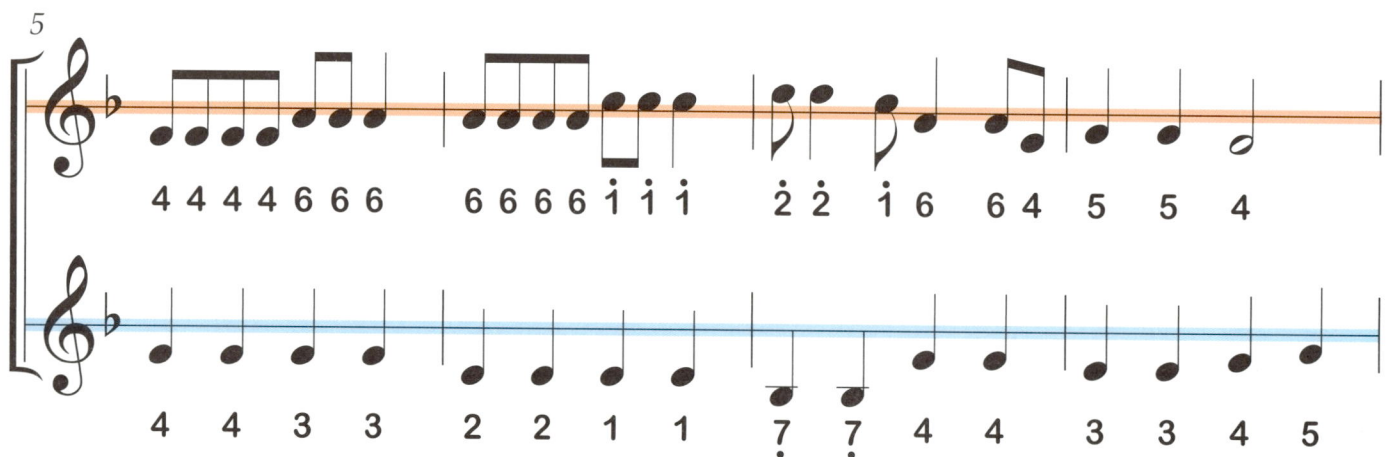

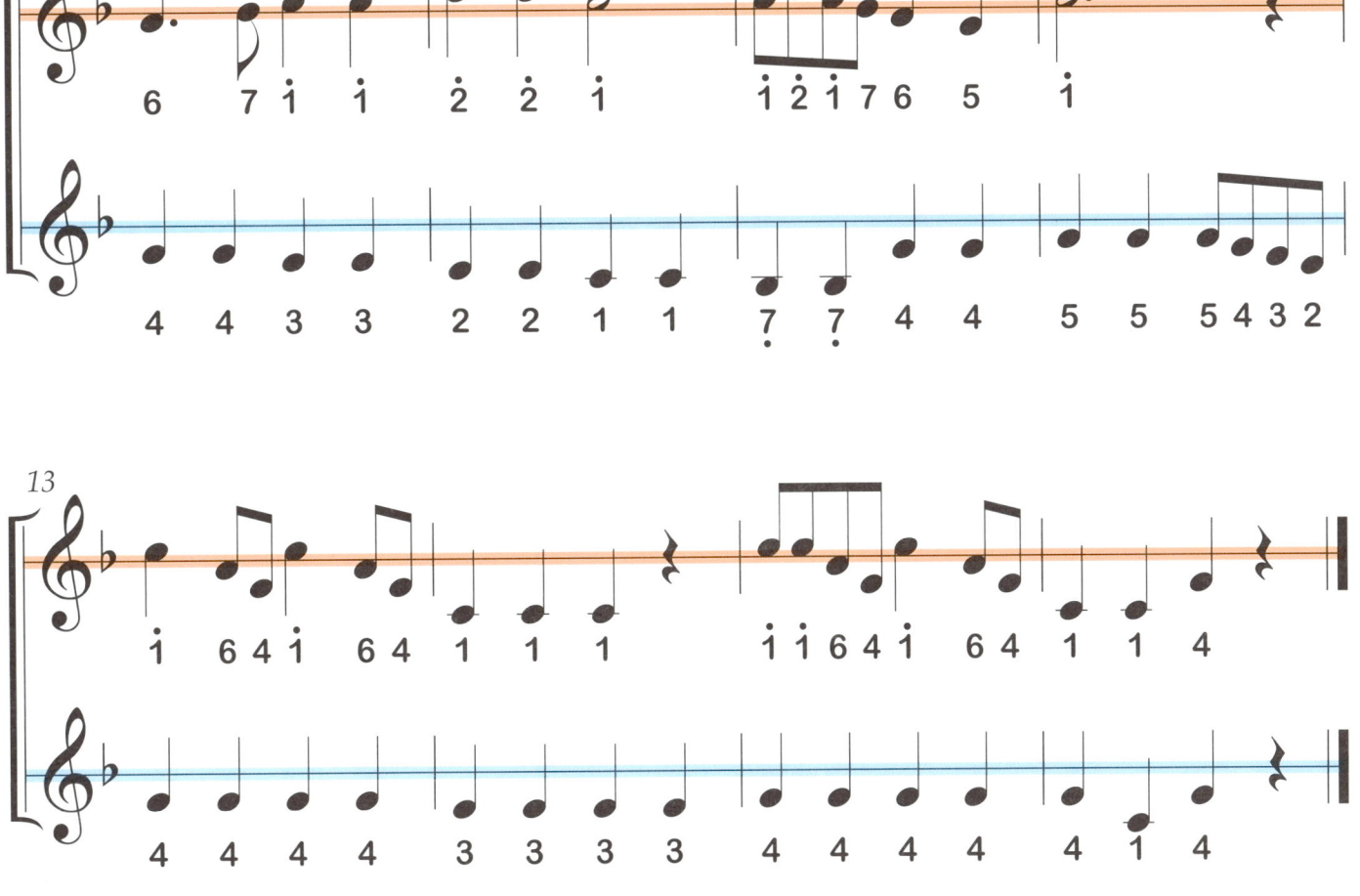

할아버지의 낡은 시계

외국 곡

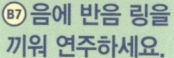

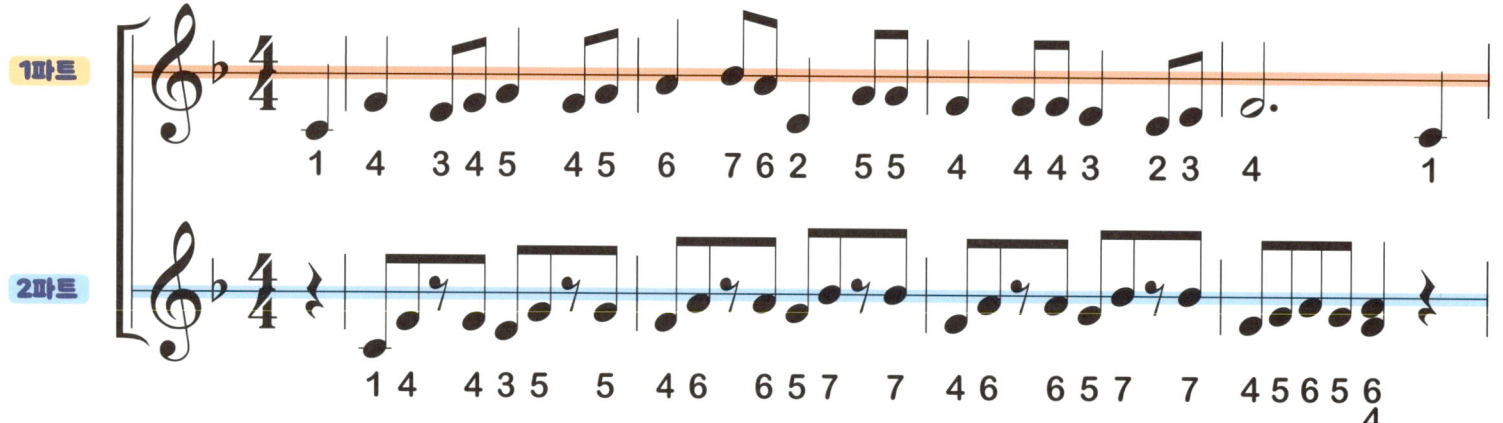

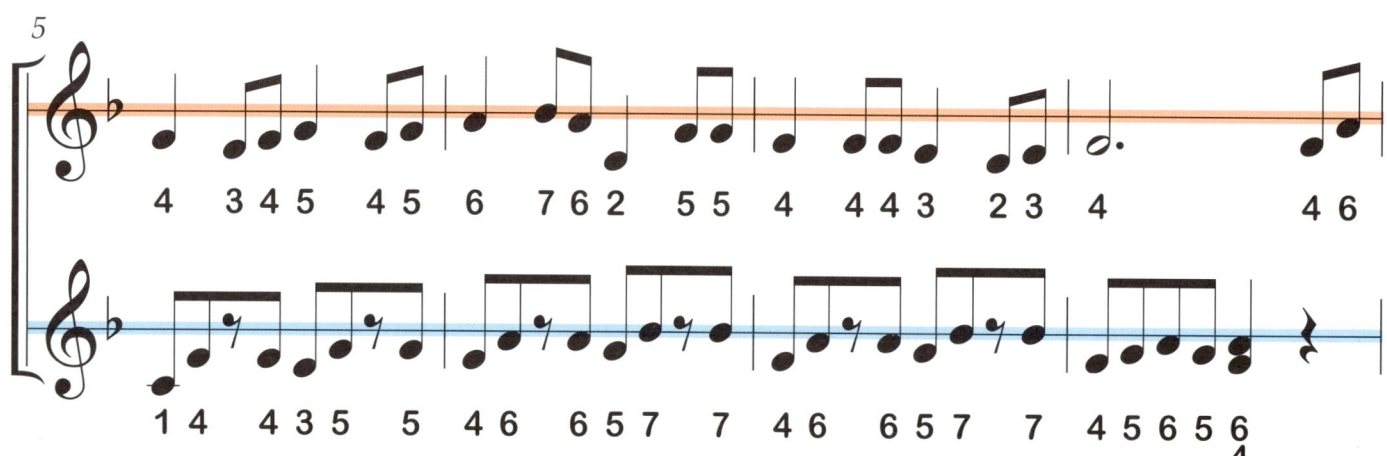

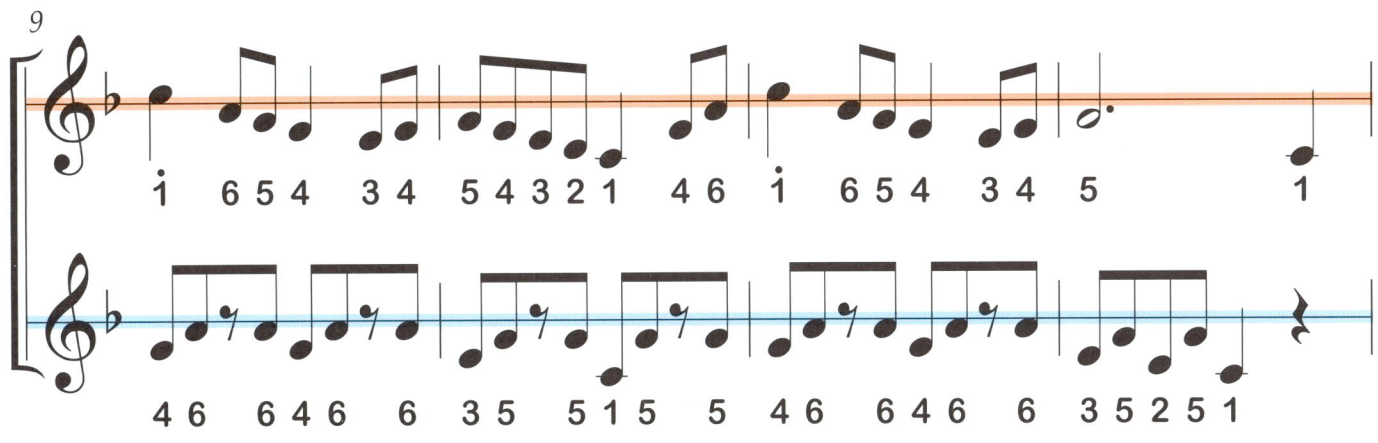

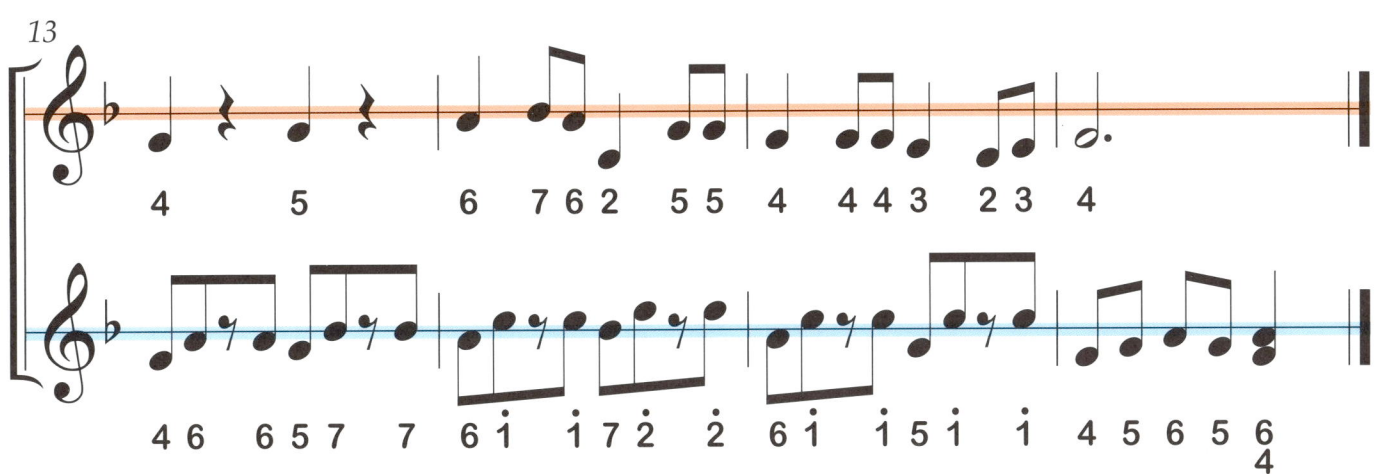

언제나 몇 번이라도

기무라 유미 작곡

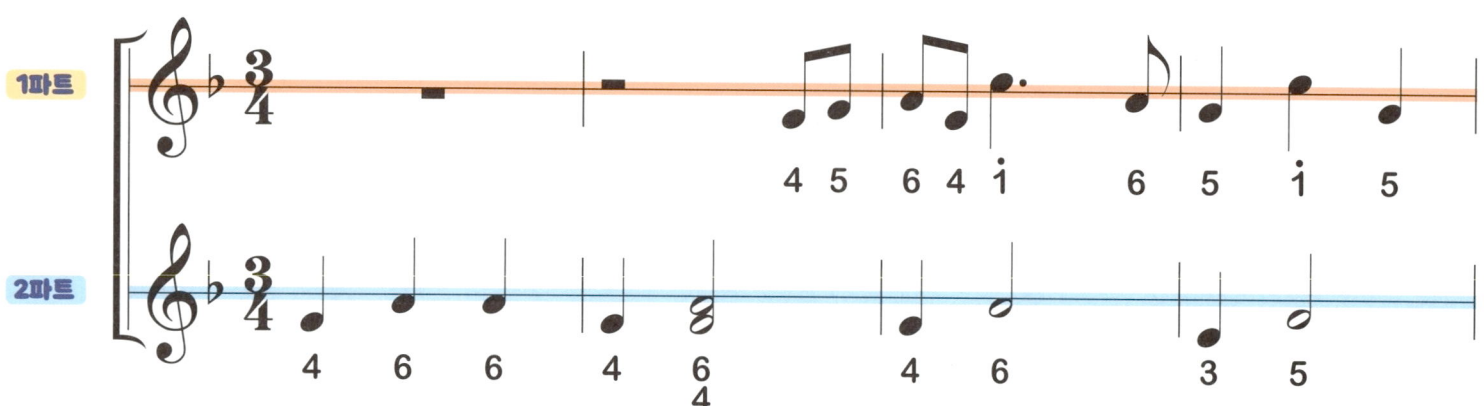

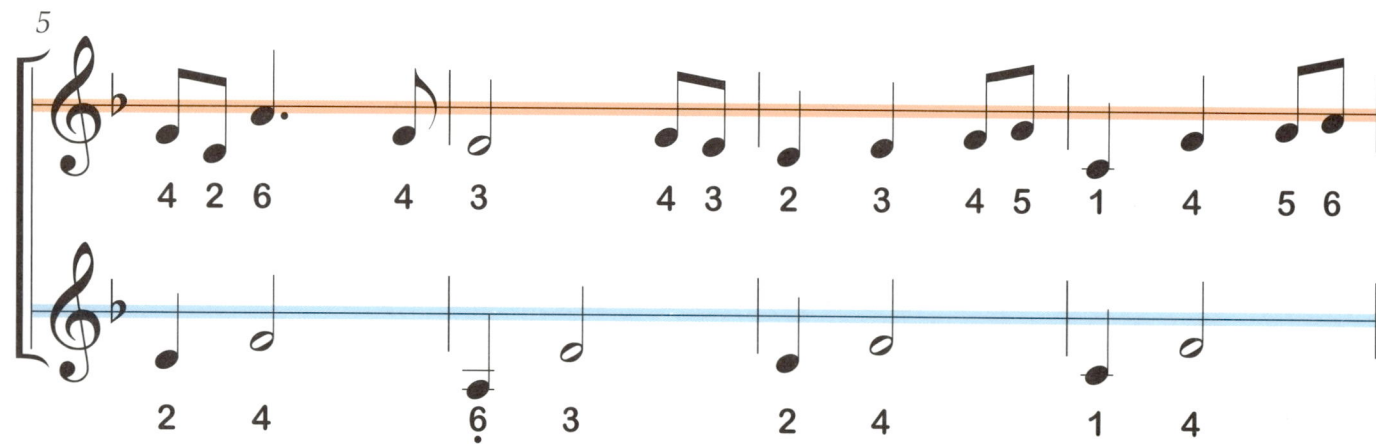

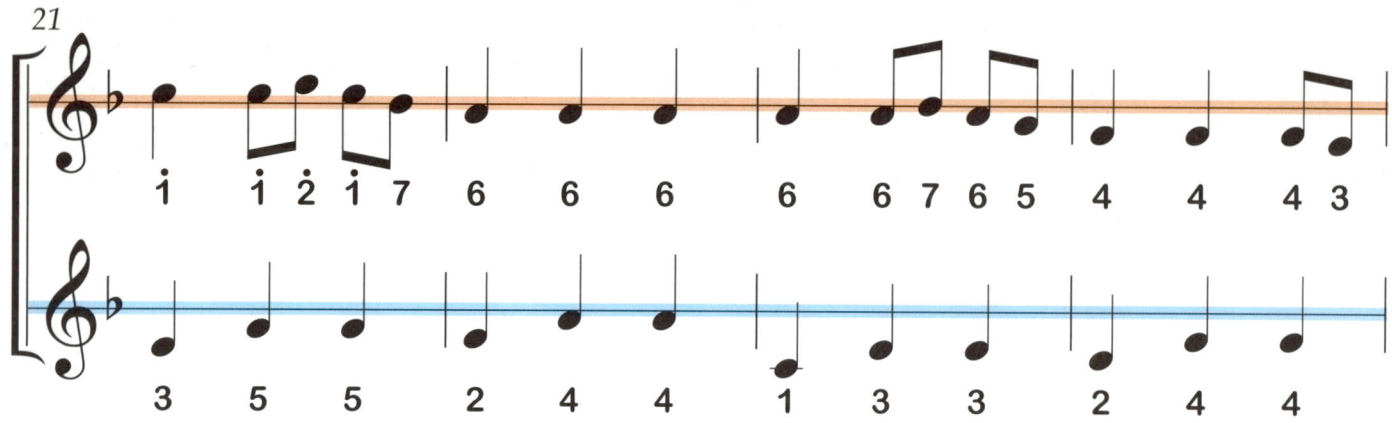

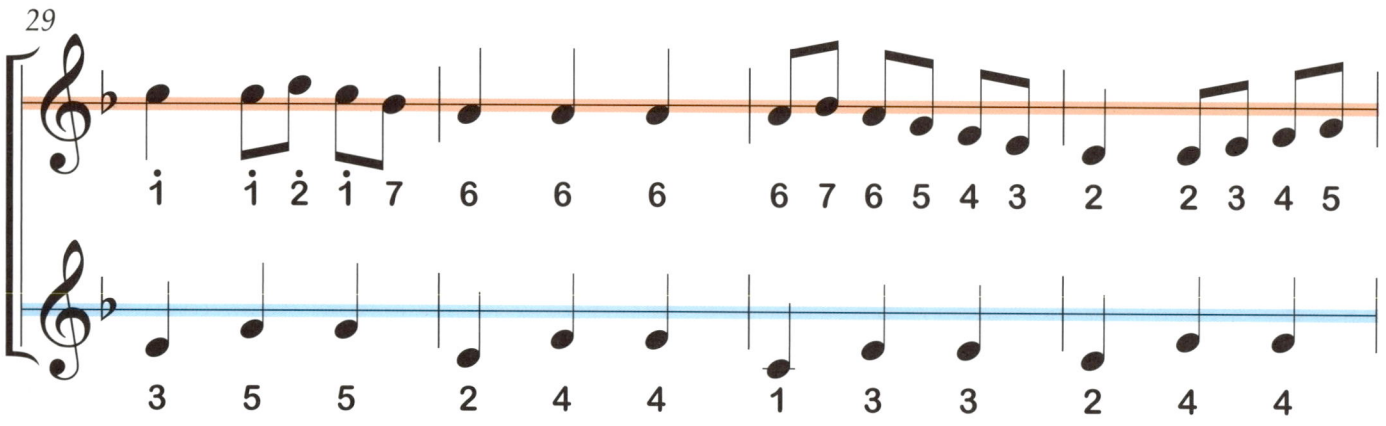

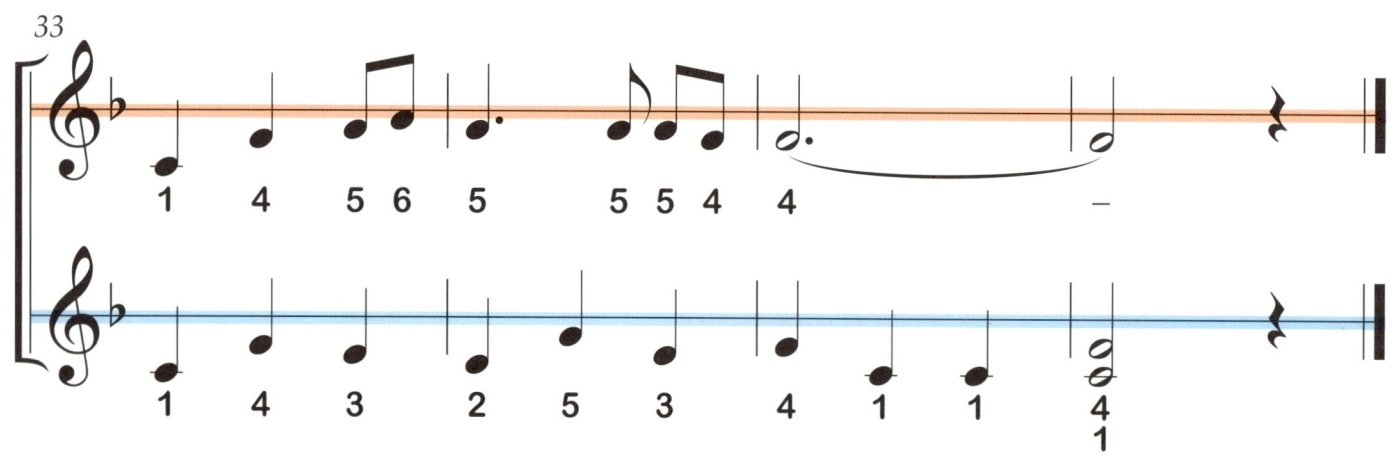

딱따구리

외국 곡

🎵 1파트

C1	D2	E3	F4	G5	A6	B7	Ċ1
Ḃ7	Ạ6	G̣5			F̊4	Ė3	Ḋ2

🎵 2파트

C1	D2	E3	F4	G5	A6	B7	Ċ1
Ḃ7	Ạ6	G̣5			F̊4	Ė3	Ḋ2

B7 음에 반음 링을 끼워 연주하세요.

마디 1-4

1파트: 2̇ 6 2̇ 6 6 5 4 5 6 6 2̇ 6 2̇ 6 6 5 4 3 2 2

2파트: 2 4 4 2 4 4 2 4 4 2 6 6 2 4 4 2 4 4 6̣ 3 3 2 4 2

마디 5-8

1파트: 4 2 4 2 4 3 4 5 6 6 2̇ 6 2̇ 6 6 5 4 3 2 2

2파트: 2 4 4 2 4 4 7̣ 2 2 6̣ 3 3 2 4 4 2 4 4 6̣ 3 3 2 4 2

마디 9-

1파트: 4 2 4 2 4 3 4 5 6 6 2̇ 6 2̇ 6 6 5 4 3 2

2파트: 2 4 4 2 4 4 7̣ 2 2 6̣ 3 3 2 4 4 2 4 4 6̣ 3 3 2 4 2

바나나 차차

로빈 작곡

♫ **1파트**

C1	D2	E3	F4	G5	A6	B7	Ċ1
B̧7	A̧6	Ģ5			Ḟ4	Ė3	Ḋ2

♫ **2파트**

C1	D2	E3	F4	G5	A6	B7	Ċ1
B̧7	A̧6	Ģ5			Ḟ4	Ė3	Ḋ2

B7 음에 반음 링을 끼워 연주하세요.

1파트
4 4 4   1 6   4 4 4   1 6   4 4 4   4 4 - 4 4   6

2파트
4 4 4   4 4 4 4   2 2 2 2   7 7 7 7

5

1파트
1 6 1   4 4 4   1 6   4 4 4   1 6   4 4 4   4 4 - 4 4   6

2파트
1 1 1 1 3   4 4 4 4   2 2 2 2   7 7 7 7

9

1파트
1   4 4 4   4   4 4 4   4   6 - 6 5   5 4   4 4 4

2파트
1 1 1 1   4 4 4 4   2 2 2 2   7 7 7 7

Do you wanna build a snowman?

크리스틴 제인 앤더슨 작곡

B7 음에 반음 링을 끼워 연주하세요.

♬ 1파트
| C1 | D2 | E3 | F4 | G5 | A6 | B7 | C̀1 |
| B7 | A6 | G5 | | | F̀4 | È3 | D̀2 |

♬ 2파트
| C1 | D2 | E3 | F4 | G5 | A6 | B7 | C̀1 |
| B7 | A6 | G5 | | | F̀4 | È3 | D̀2 |

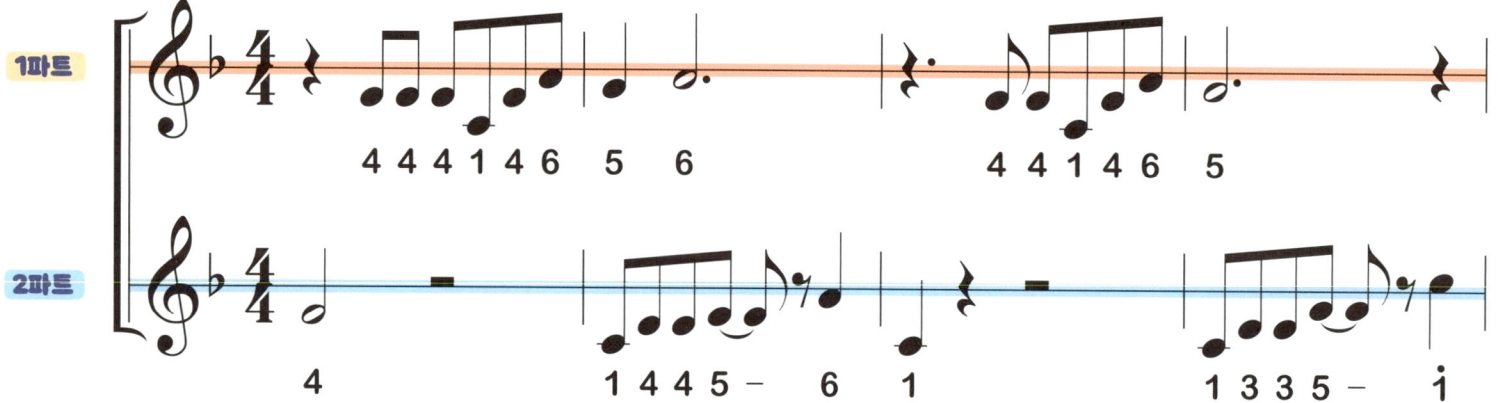

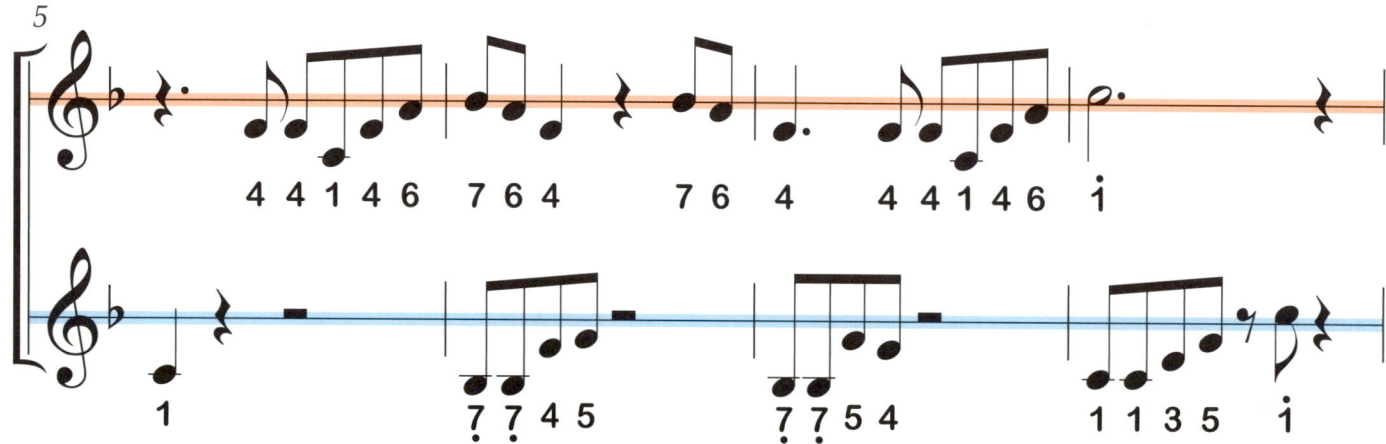

86

Steve's Lava Chicken

잭 블랙 외 2명 작곡

♬ 1파트

| C1 | D2 | E3 | F4 | G5 | A6 | B7 | Ċ1 |
| B7 | A6 | G5 | | | F4 | E3 | D2 |

♬ 2파트

| C1 | D2 | E3 | F4 | G5 | A6 | B7 | Ċ1 |
| B7 | A6 | G5 | | | F4 | E3 | D2 |

진한 동그라미 숫자에
반음 링을 끼워서 연주해 보세요.

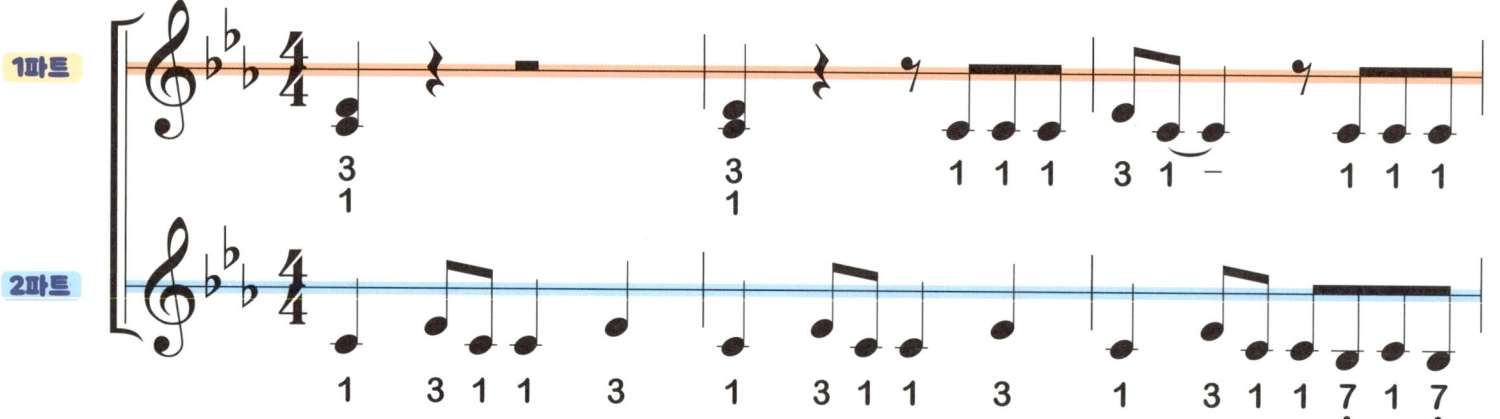

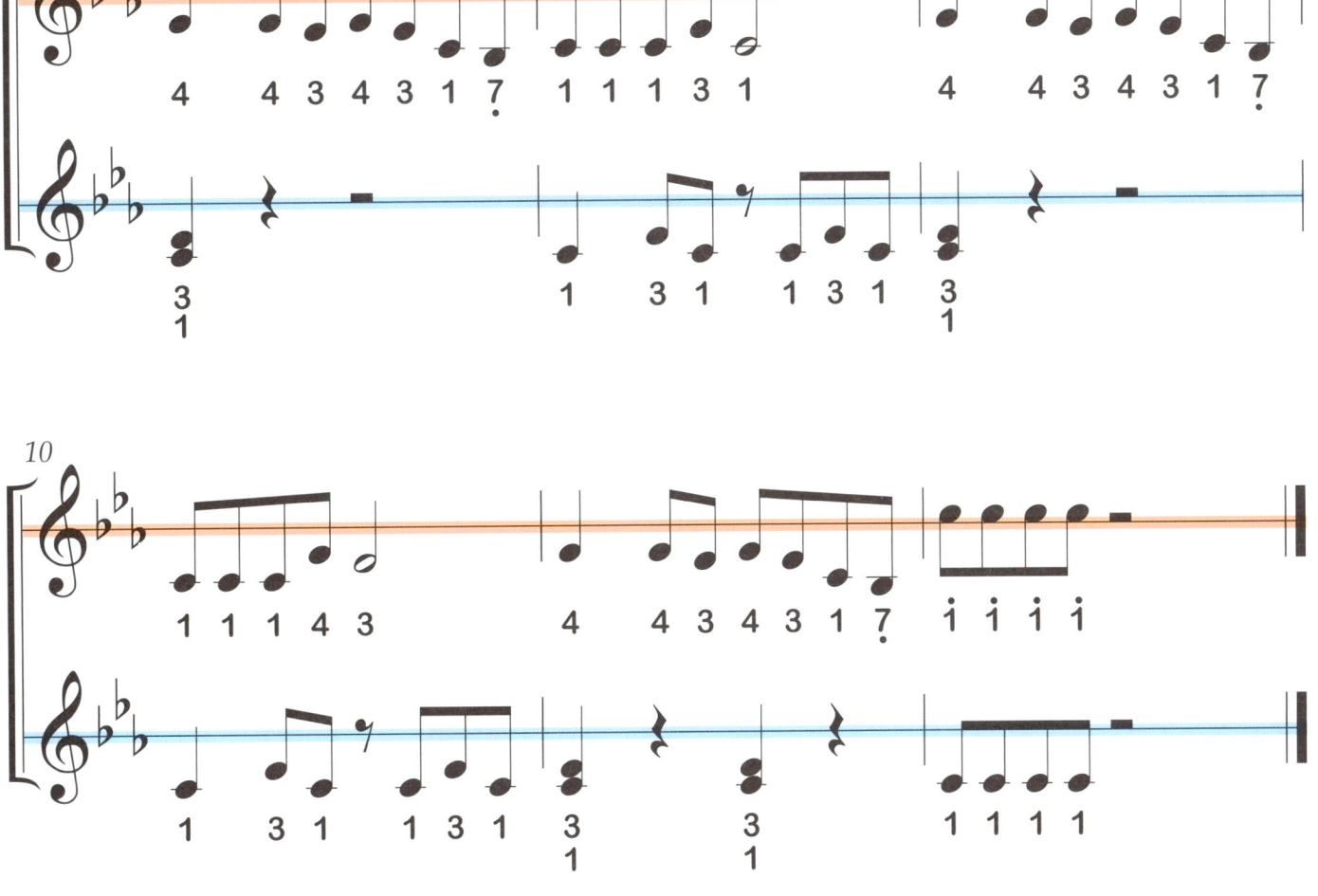

Golden

테디 외 4명 작곡

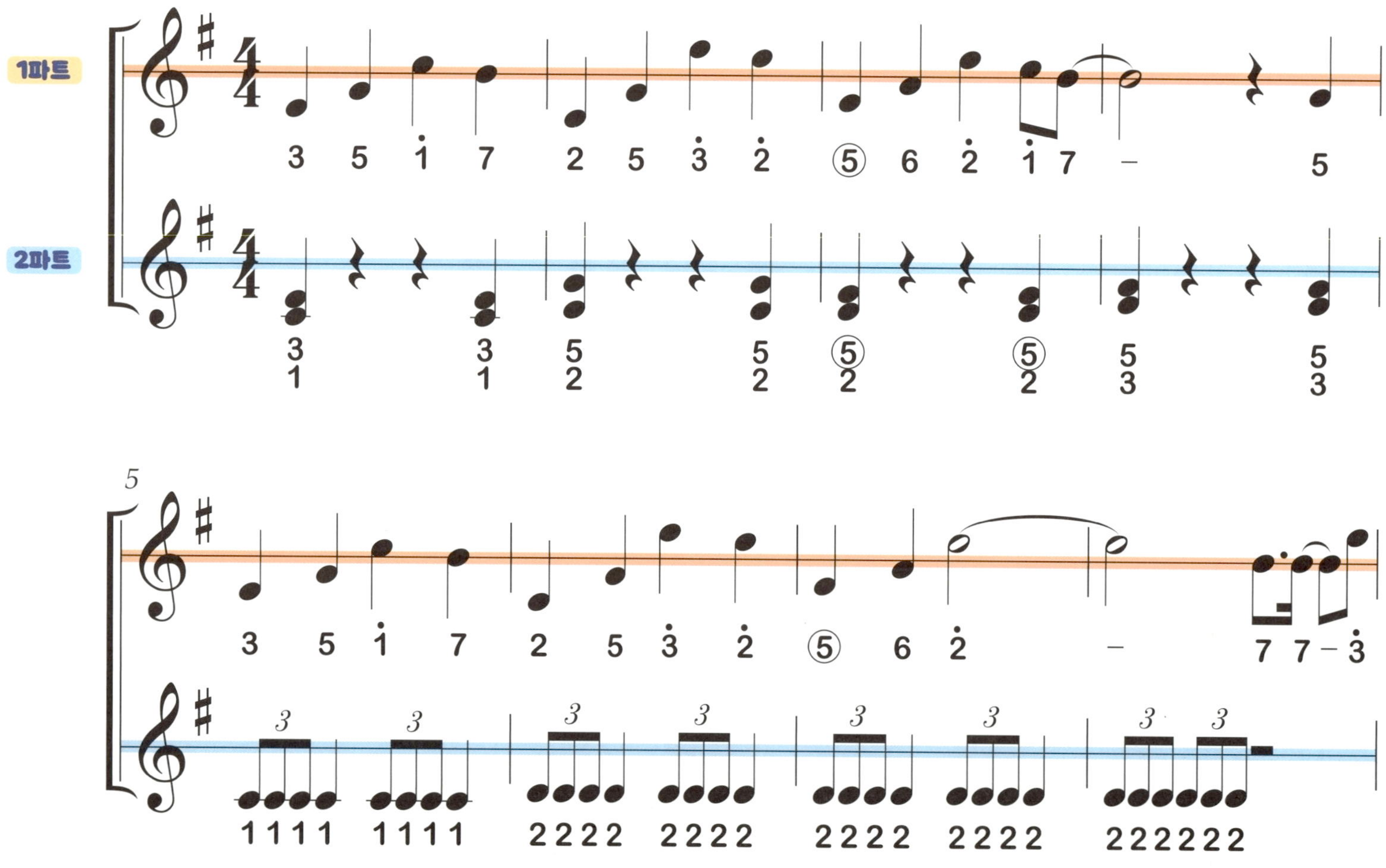

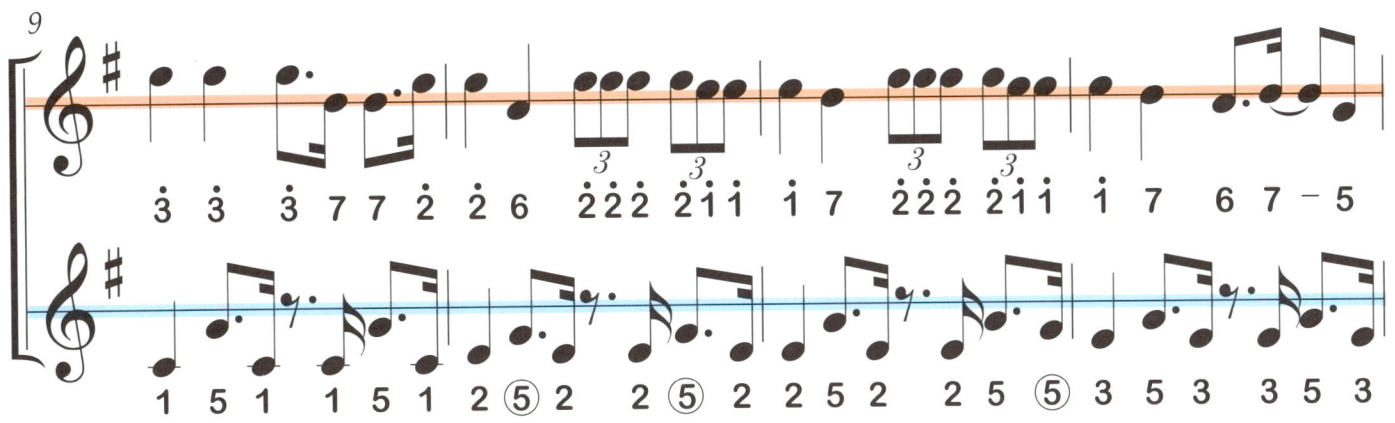

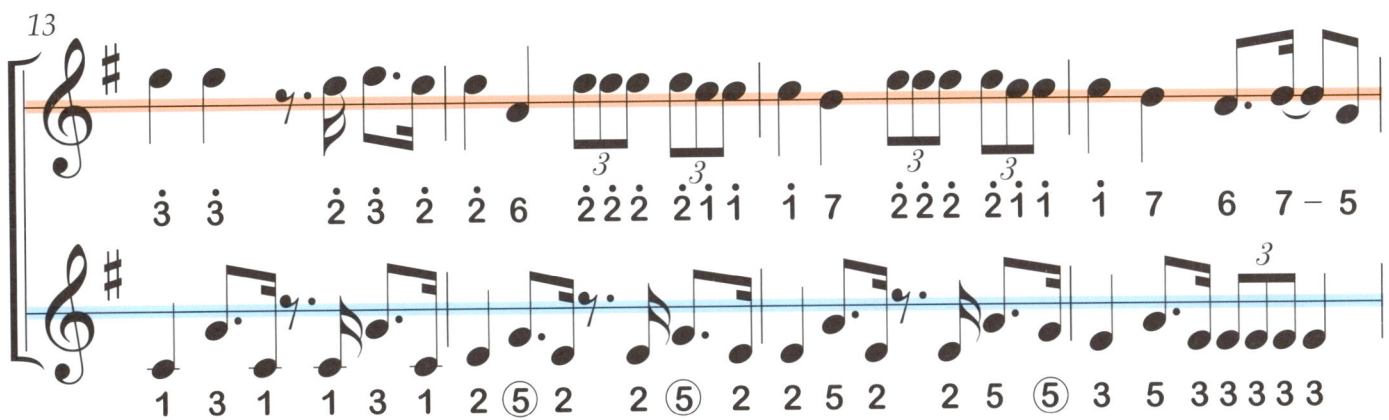

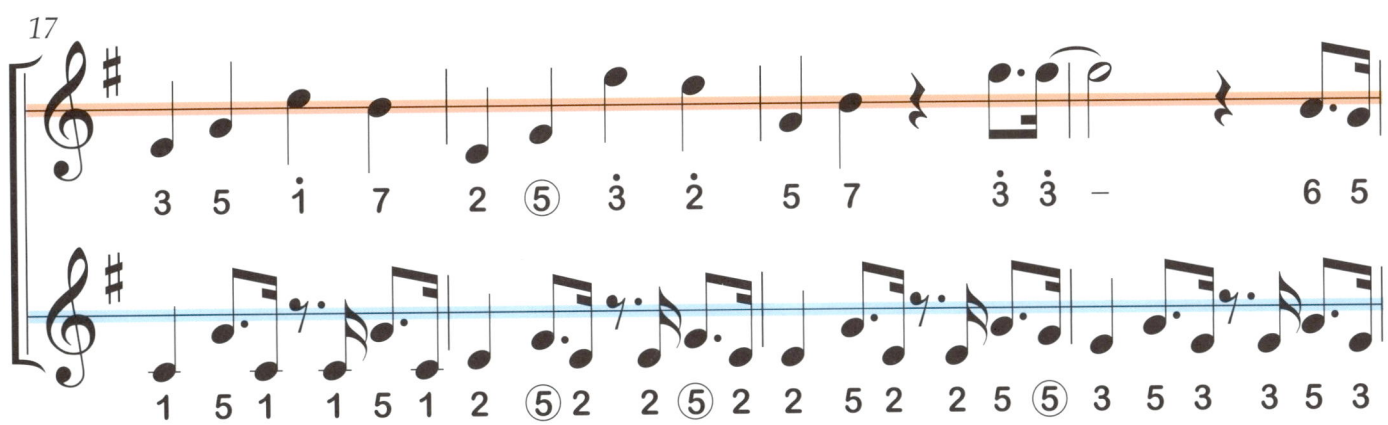

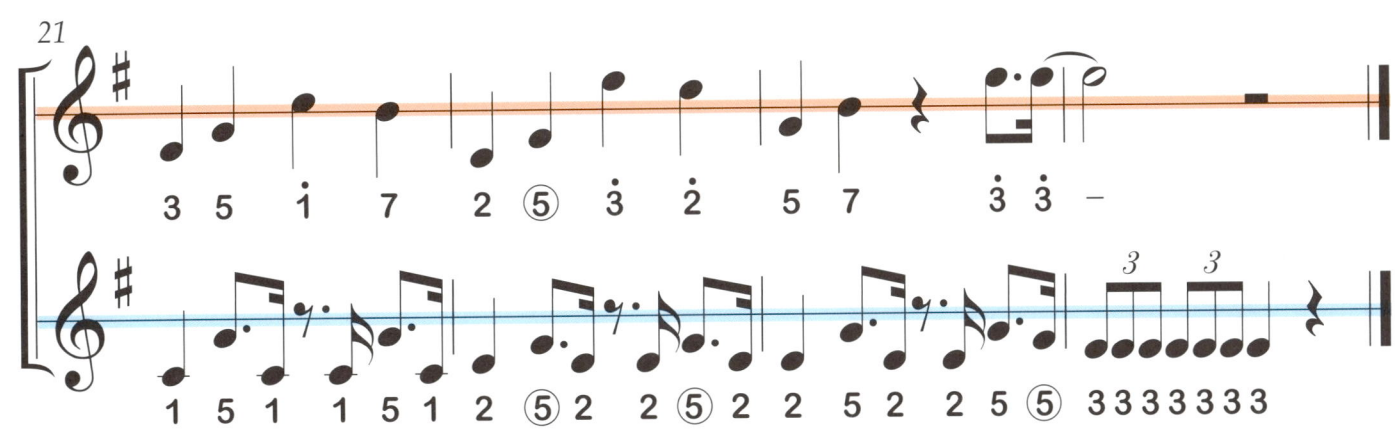

사랑의 인사

엘가 작곡

♬ 1파트

♬ 2파트

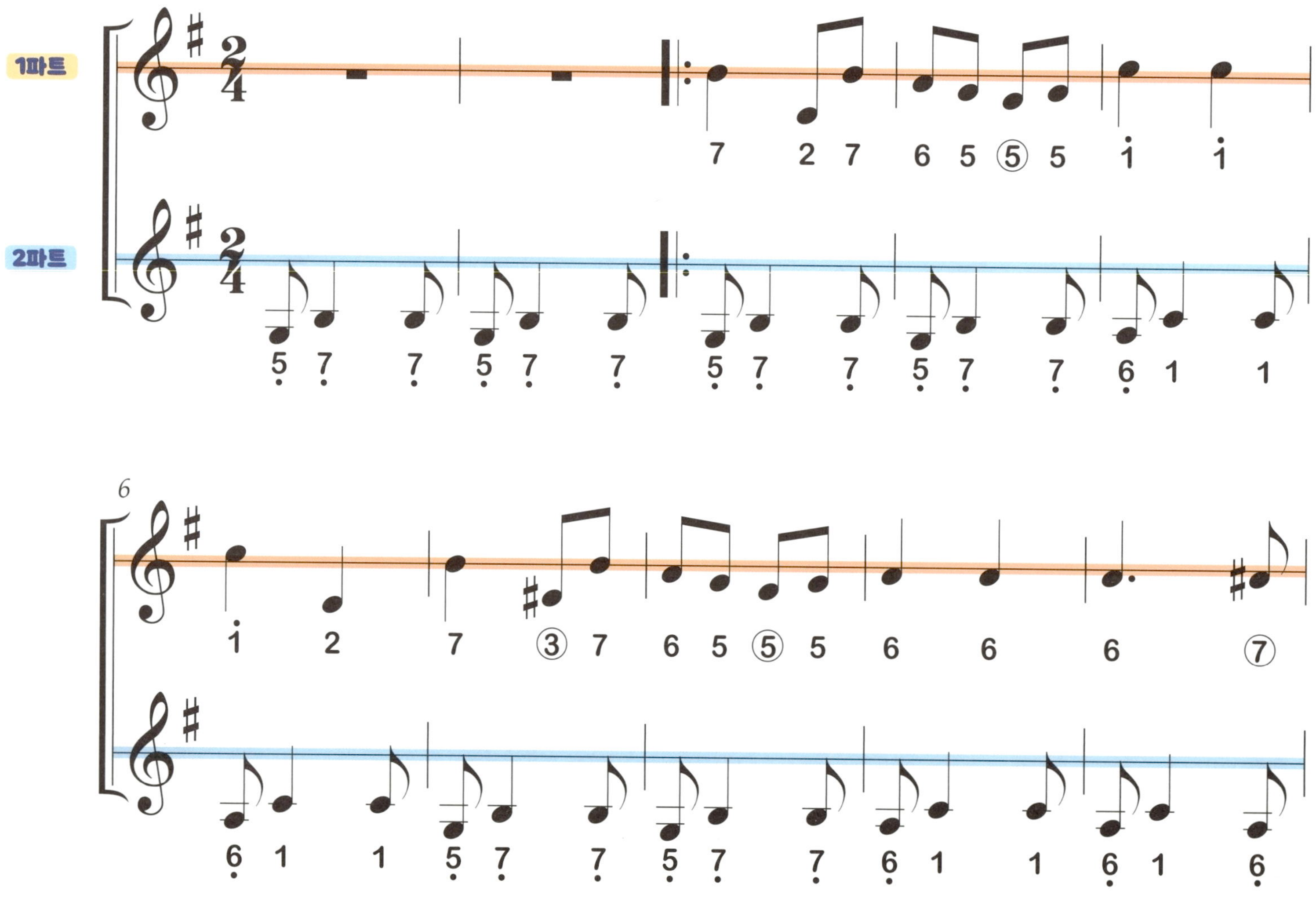

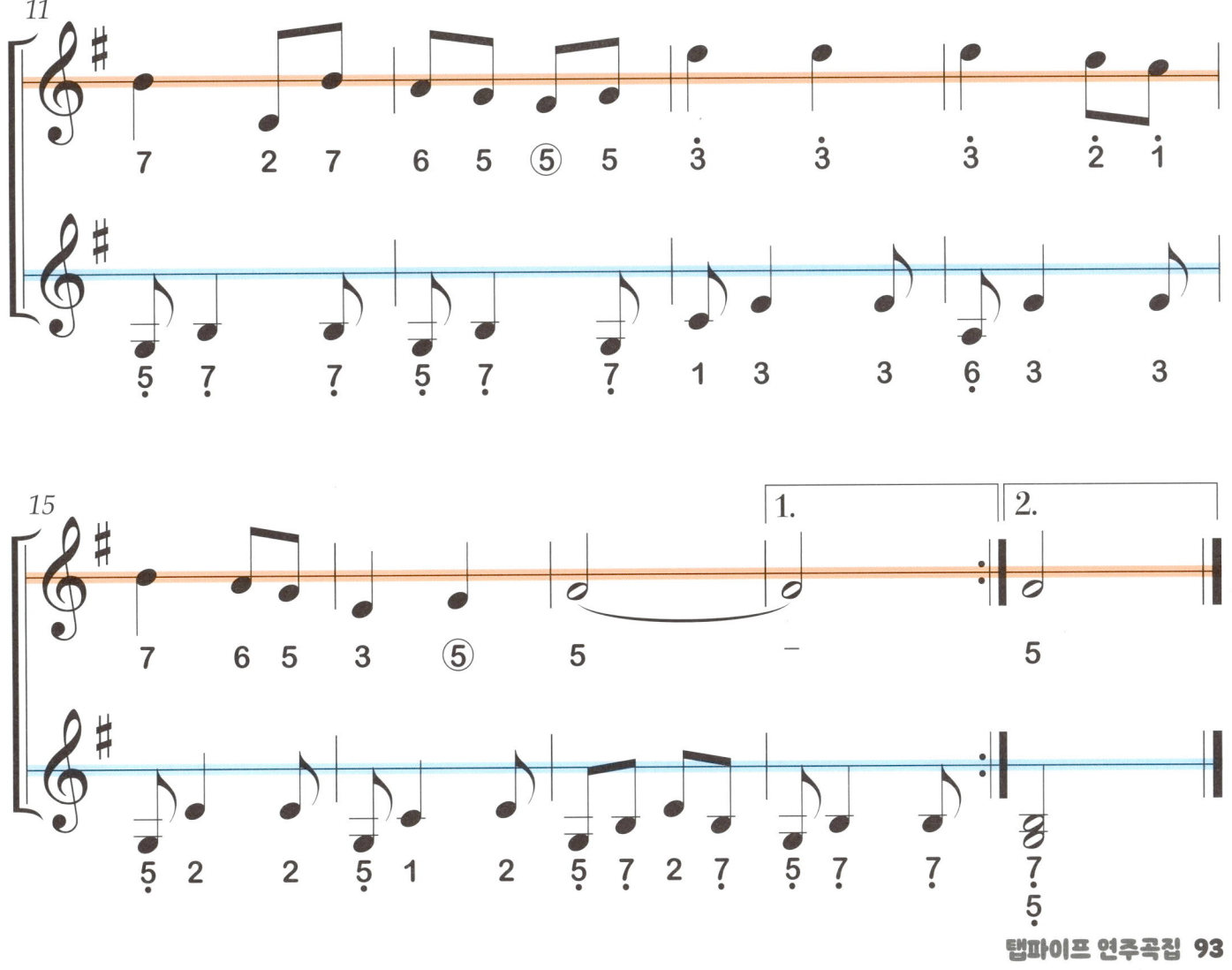

라데츠키 행진곡

요한 스트라우스 작곡

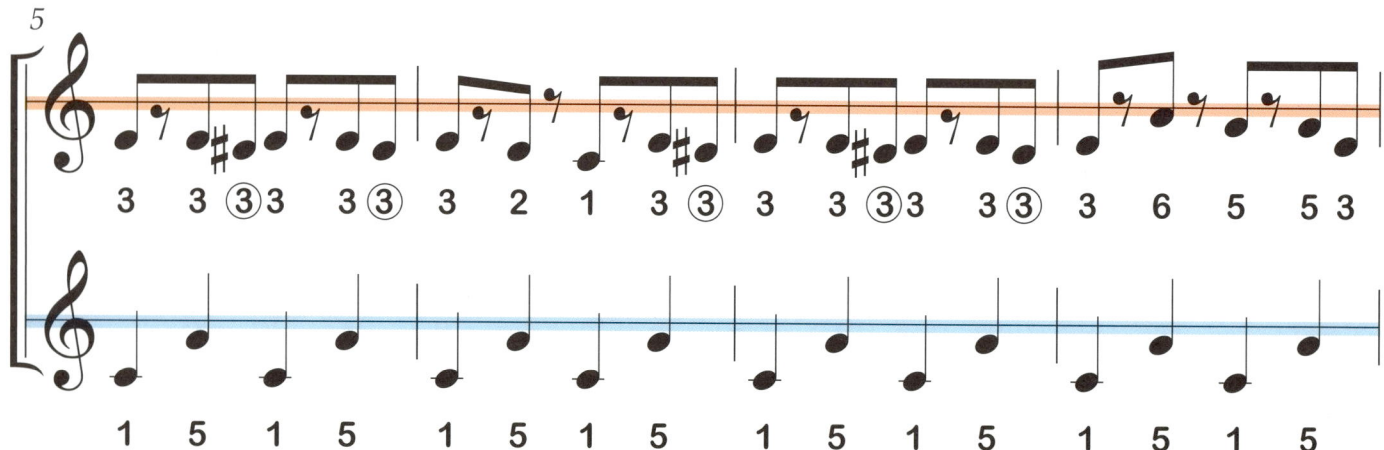

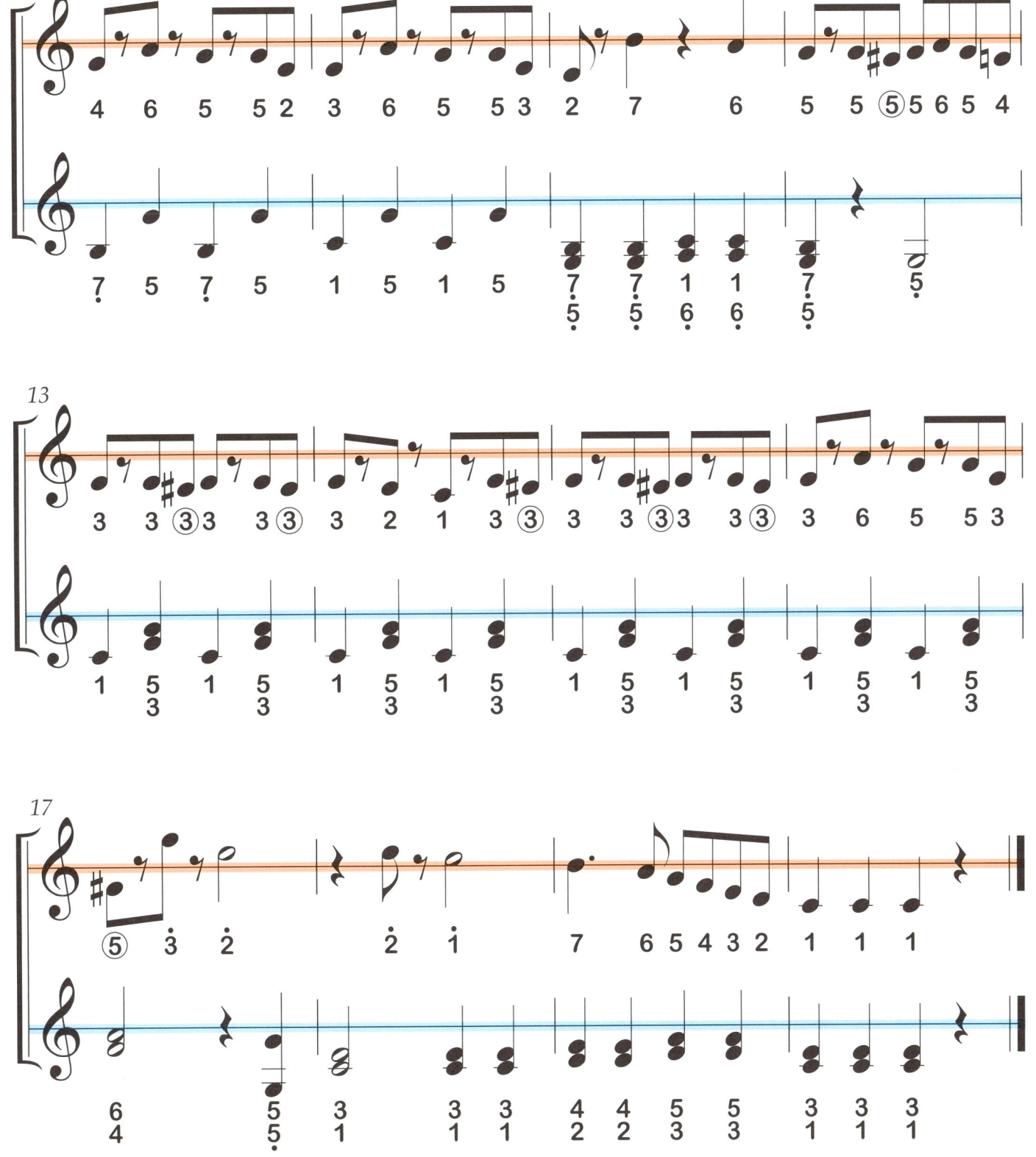

고장난 시계

르로이 앤더슨 작곡

♬ 1파트

| C1 | D2 | E3 | F4 | G5 | A6 | B7 | Ċ1 |

| C1 | D2 | E3 | F4 | G5 | A6 | B7 | Ċ1 |
| B7 | A6 | G5 | | | F4 | E3 | D2 |

♬ 2파트

| C1 | D2 | E3 | F4 | G5 | A6 | B7 | Ċ1 |

| C1 | D2 | E3 | F4 | G5 | A6 | B7 | Ċ1 |
| B7 | A6 | G5 | | | F4 | E3 | D2 |

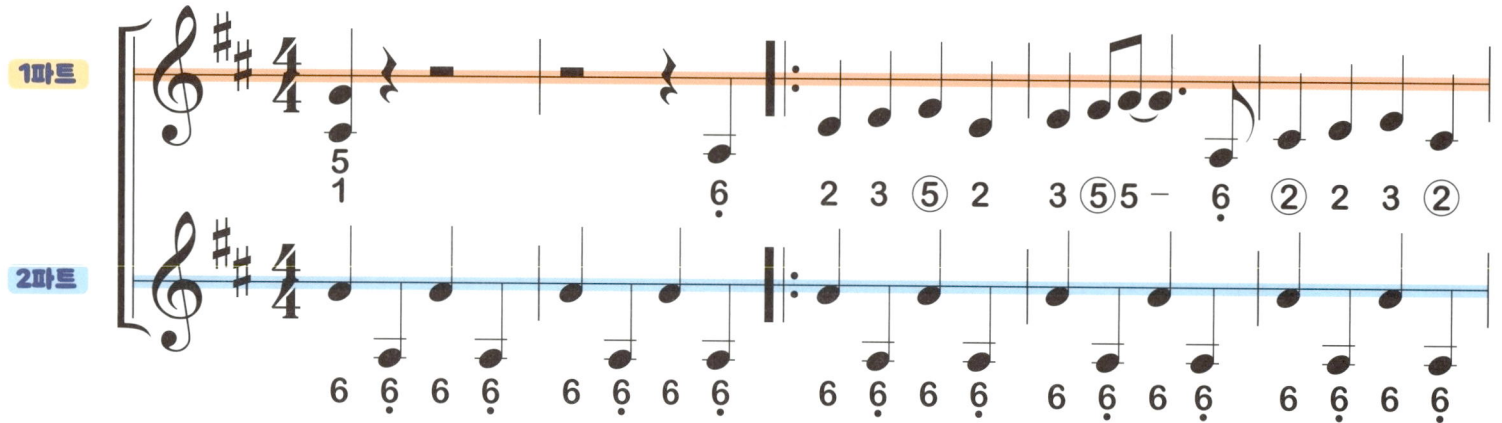

올챙이와 개구리

윤현진 작곡

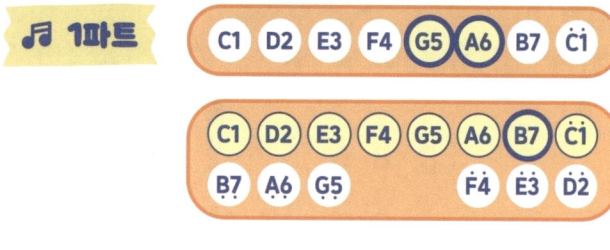

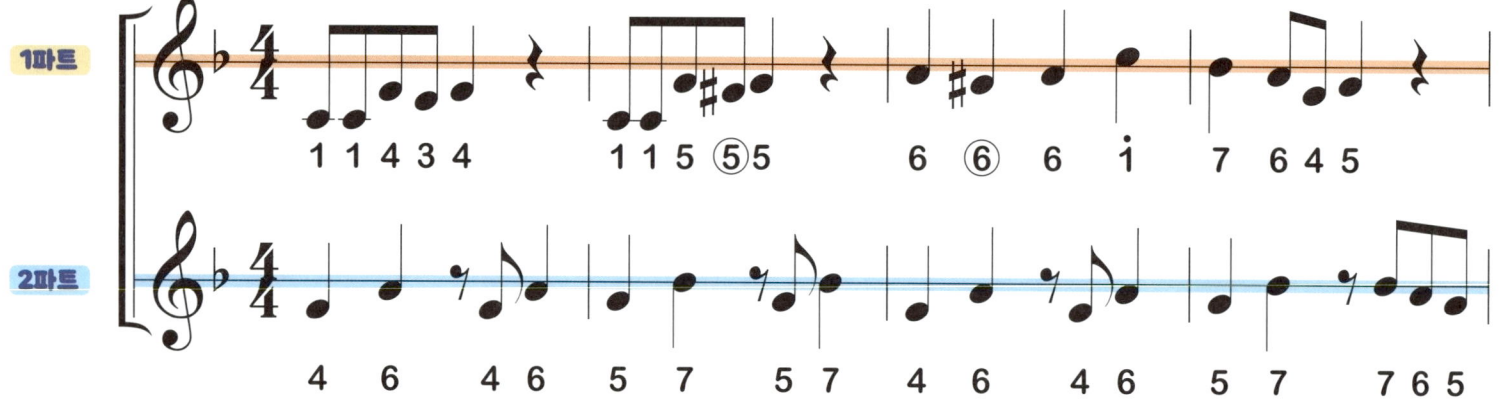

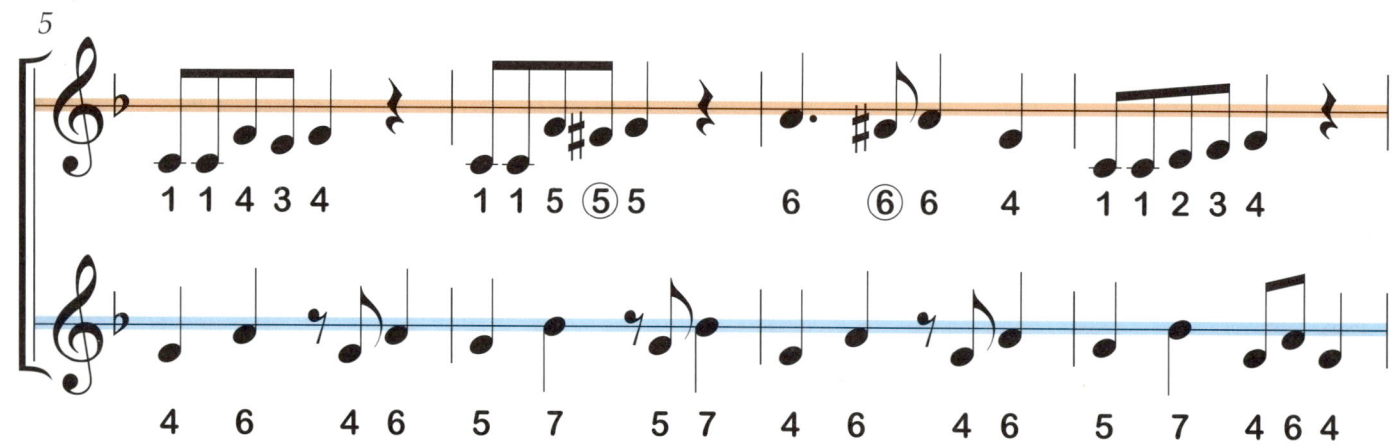

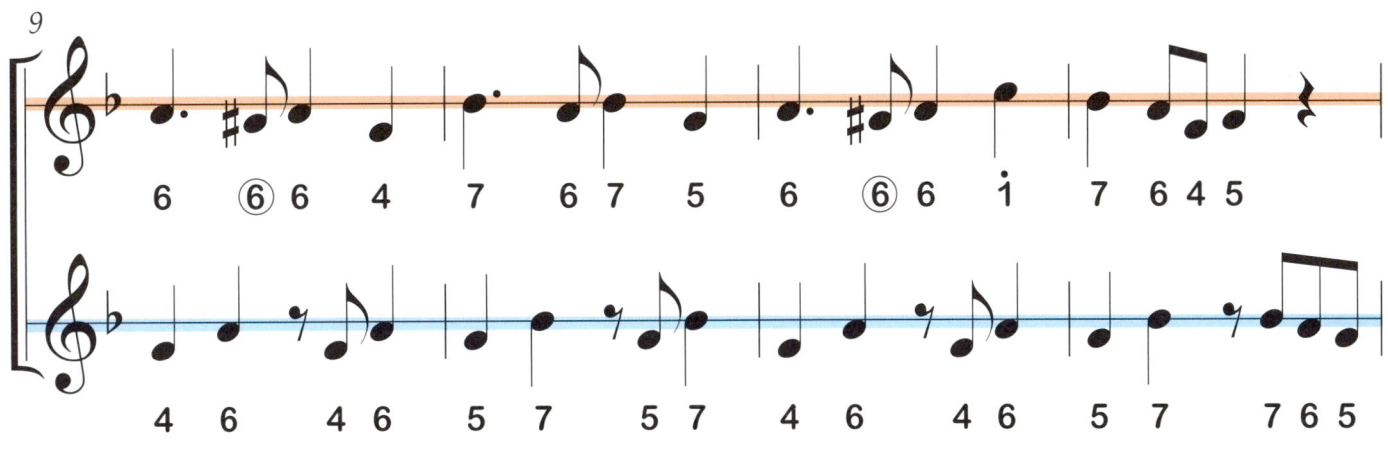

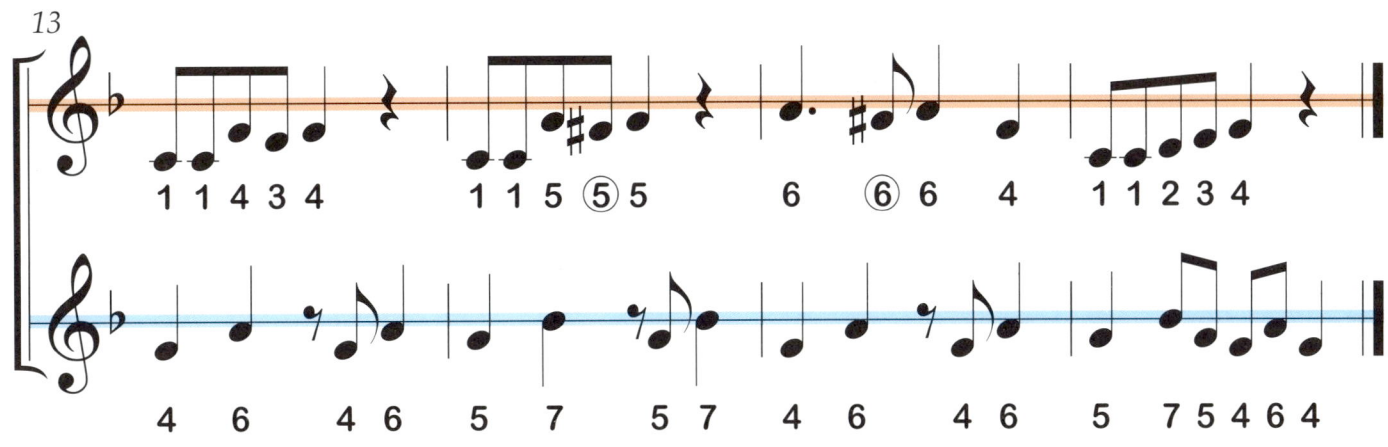

스페셜 콘서트
Special Concert

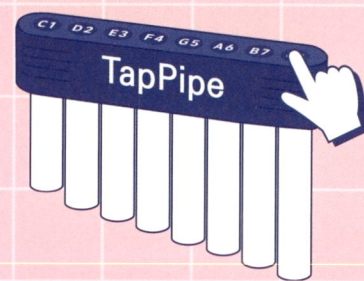

TapPipe

C1 D2 E3 F4 G5 A6 B7

곡 리스트

♪ Summer

♪ He's a Pirate

♪ 크리스마스 캐롤 메들리

Summer

히사이시 조 작곡

He's a Pirate

클라우스 바델트 작곡

B7 음에 반음 링을 끼워 연주하세요.

104

35
7 6 5 4 3 2 2 3 4 5 6 5 4 – 3
2 2 4 6 6 2 2 2 2 2 2 1 1
40
4 5 – 6 5 4 5 6 5 4 3 4 3 2 3 1
4 4 1 1 1 1 4 4 6 6 2 2
45
2 2 3 4 6 2 3 4 7 2 3 4 6 6 – i 6 5
2 2 2 2 2 2 1 1 4 4 1 1 2 3
50
5 4 3 4 – 3 2 –
5 5 6 7 2 2 3 4 6 6 2 2 2 2 2

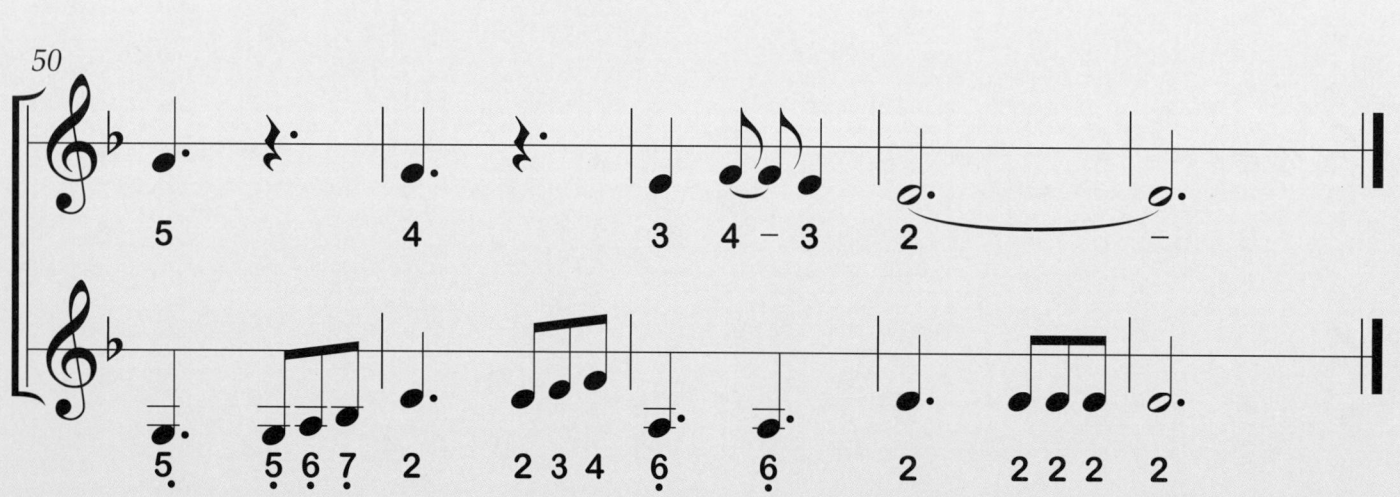

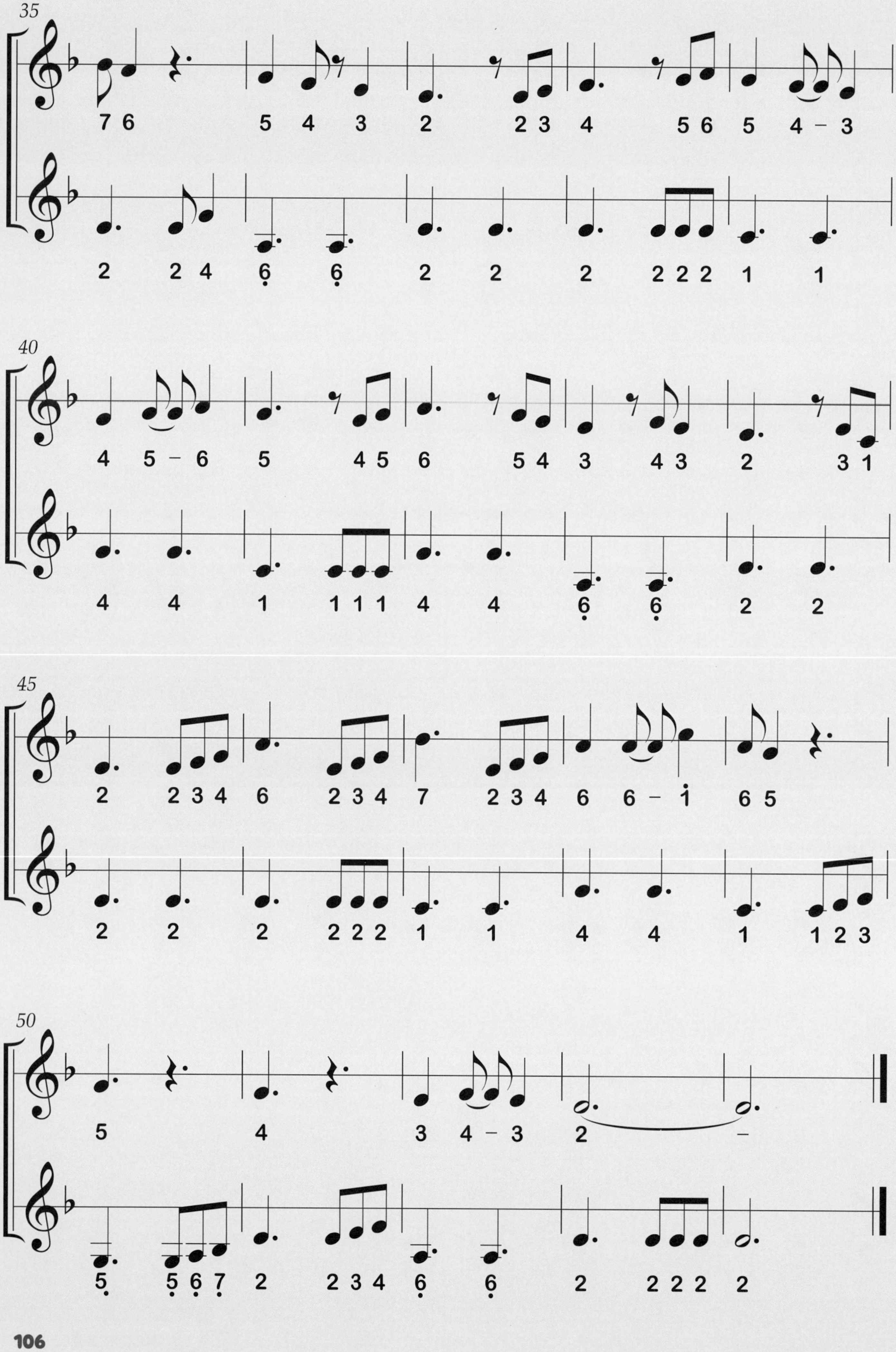

크리스마스 캐롤 메들리

실버 벨, 울면 안 돼, 창 밖을 보라,
루돌프 사슴코, 기쁘다 구주 오셨네

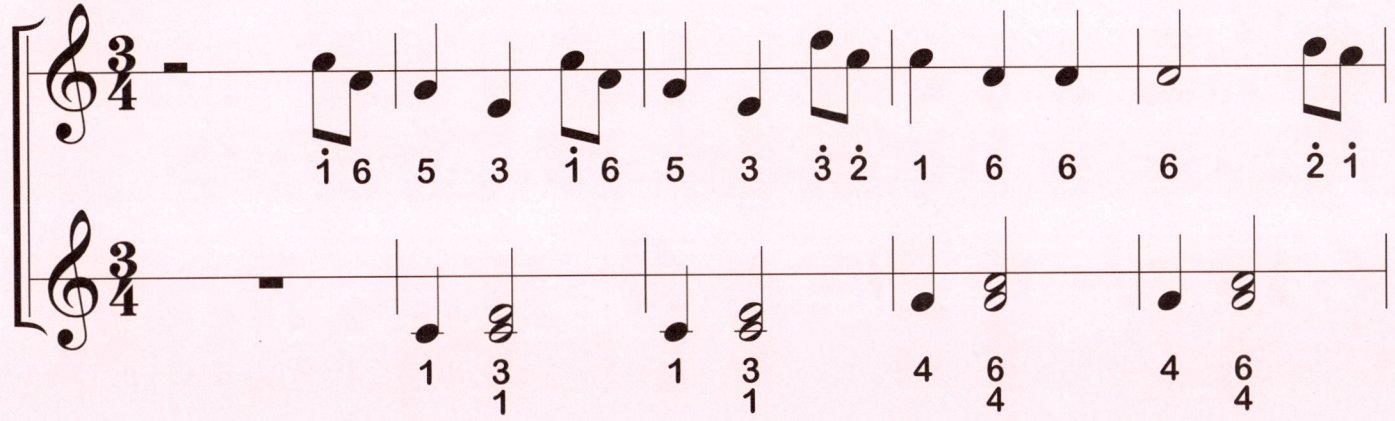

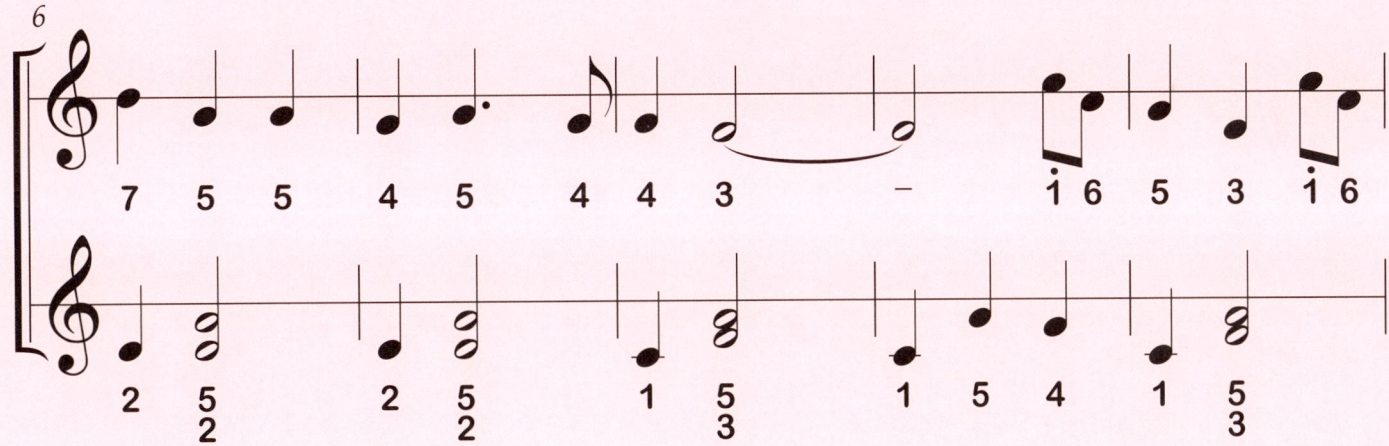

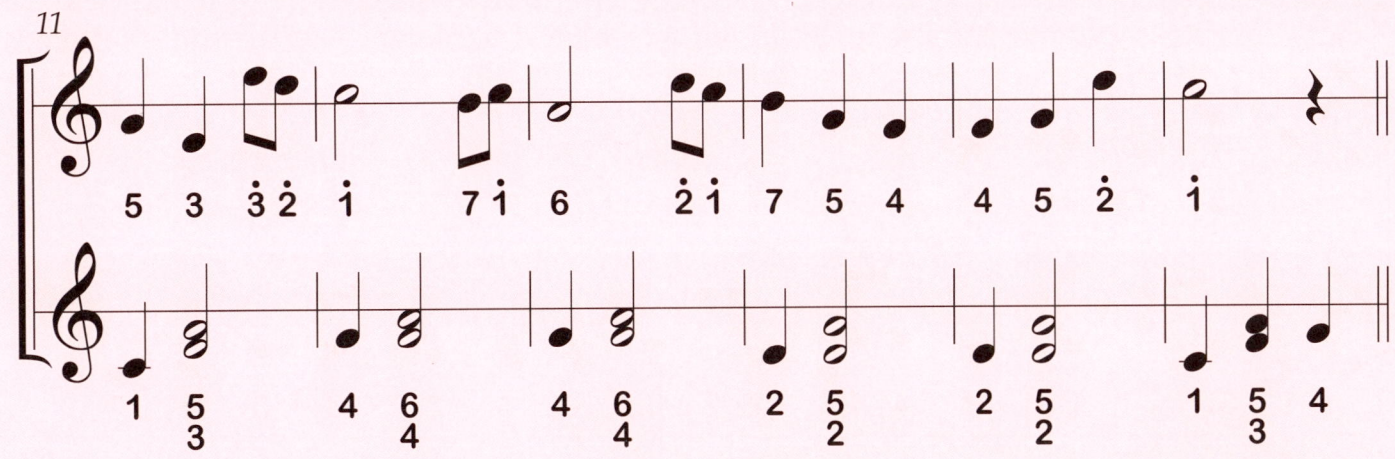

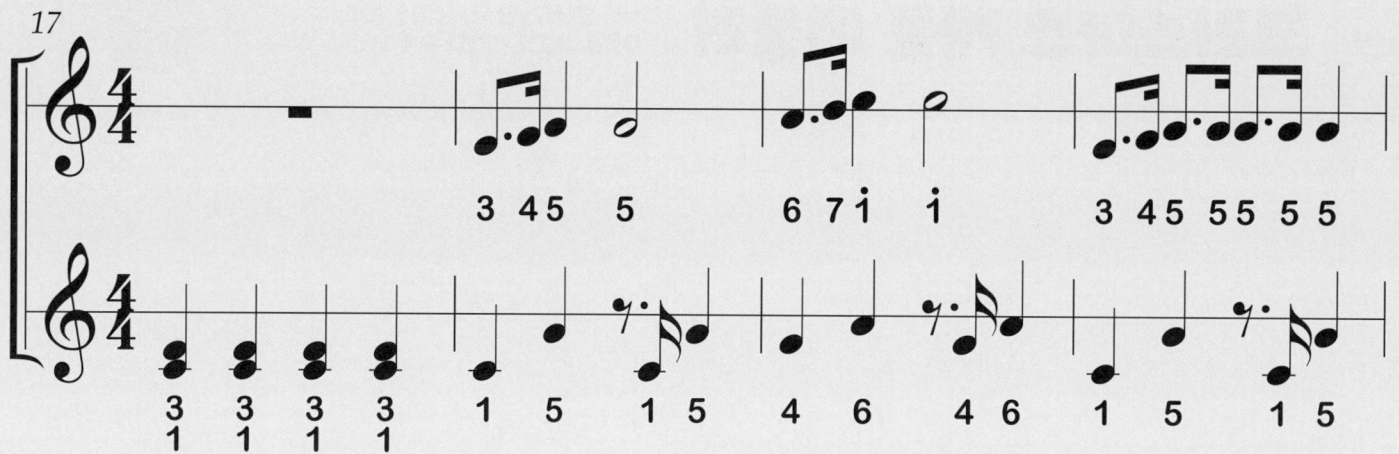

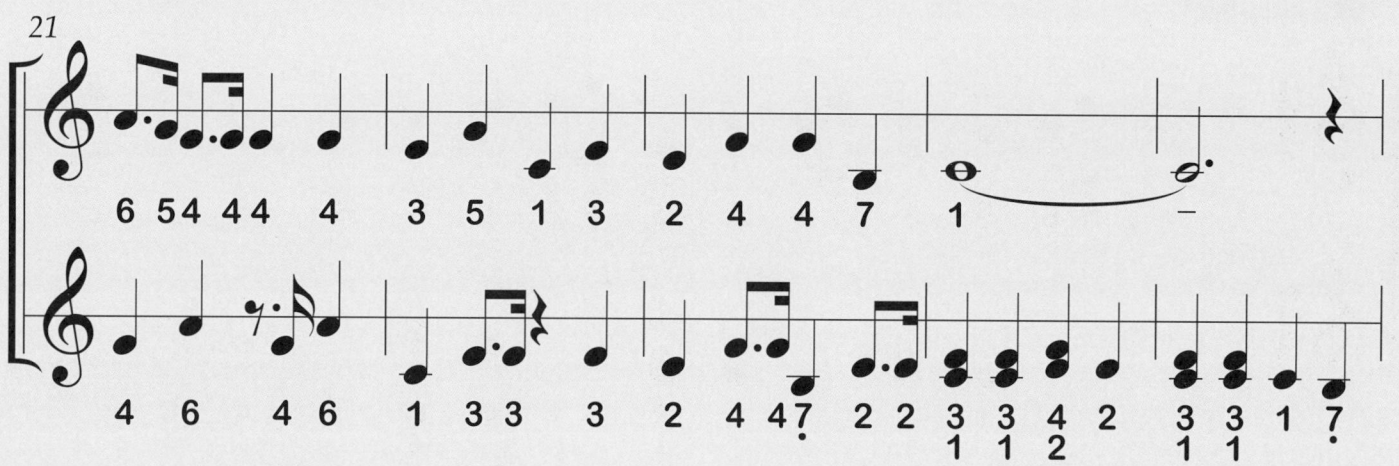

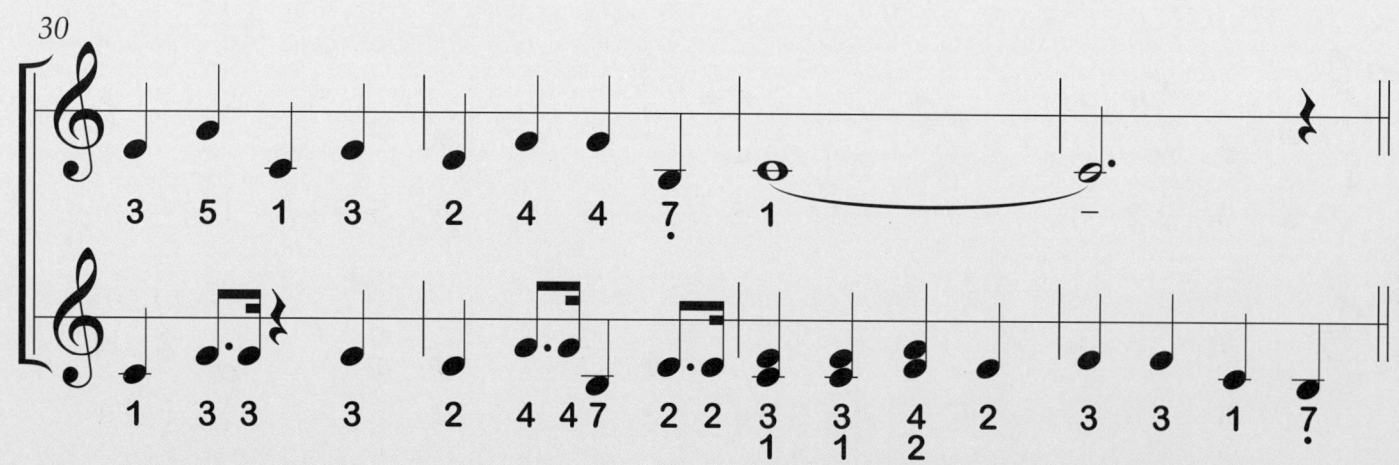

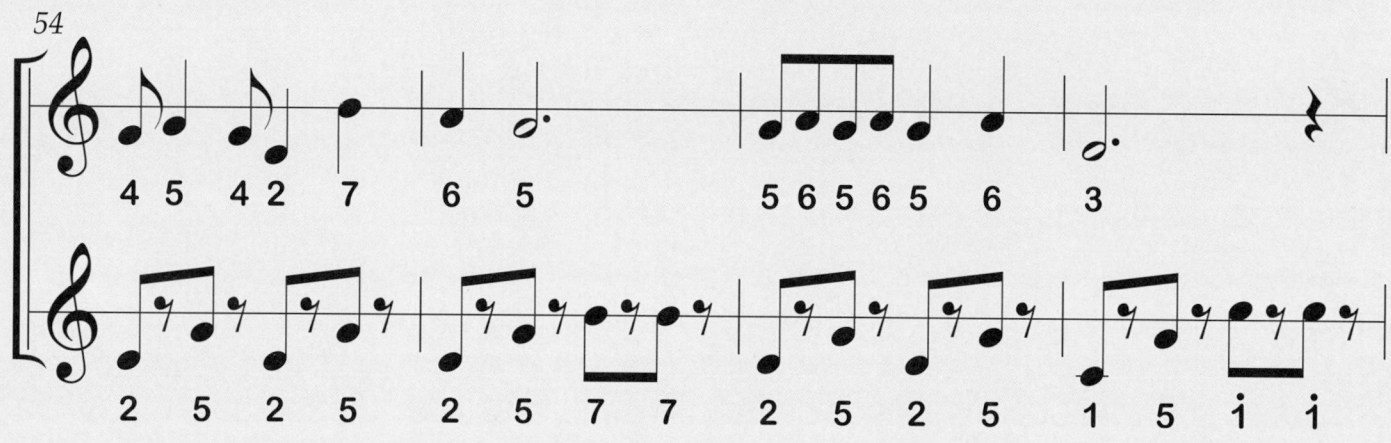

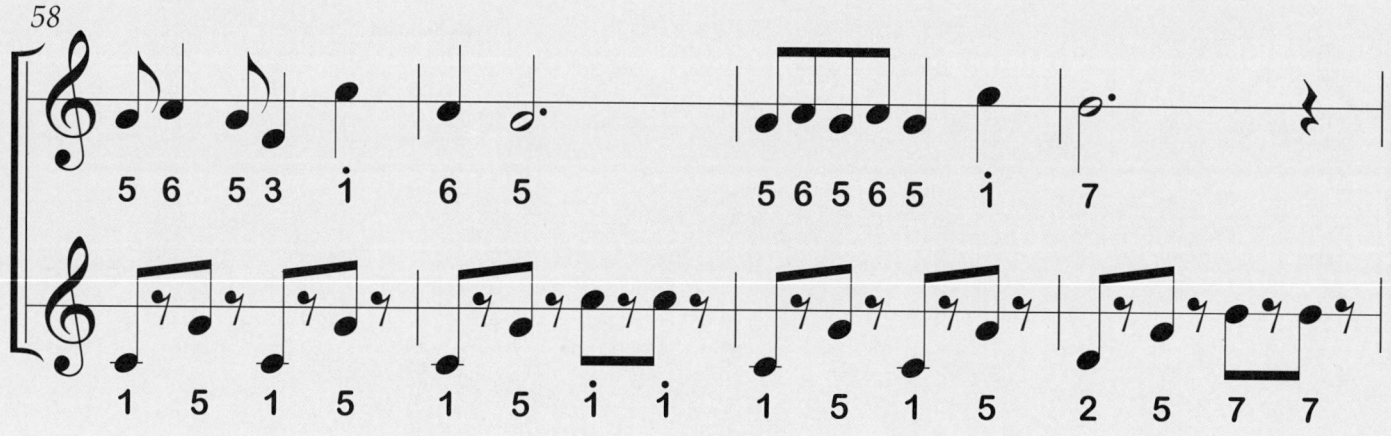

저자 **박은정**

학력 전남대학교 문화전문대학원 문화학 박사 수료
전남대학교 경영전문대학원 MBA 석사 졸업

경력 음악학원 운영 25년
초등학교 창의체험수업,늘봄학교 강사
창의발명교육 전문 강사(특허청, 한국여성발명협회)
광주광역시 교육청 초등 교육 및 교육 복지와 교사연수 강사 역임
ACC(국립아시아문화전당) 문화예술교육 및 박물관 교육 강사 역임
담양문화재단 예술로 놀자 '상상나래' 강사 역임
광주문화재단 아시아 전통문화 교류행사 프로그램 기획 및 운영 역임
화성문화재단 정조효문화제 '조선시대 장악원' 체험 행사 기획
순천시립신대도서관 '우리가족 예체능' 강사
전국 발명교육센터 창의 발명교육 강사 역임
다수 공모사업 프로그램 기획 및 교육

저서 탭파이프 연주곡집(삼호ETM)
쓰담쓰담 칼림바(세광음악출판사)
쓰담쓰담 칼림바 캐롤집(세광음악출판사)
쓰담쓰담 칼림바 포핸즈(세광음악출판사)
챗GPT 문화 · 예술 · 교육 인사이트(책바세)

톡톡!
탭파이프
연주곡집

발행인 김두영
저자 박은정
전무 김정열
콘텐츠기획개발부 김가람, 구본희
디자인기획개발부 김세연
제작 유정근
마케팅기획개발부 신찬, 송다은, 김지연
경영지원개발부 한재현, 김아영

발 행 일 2025년 9월 26일(1판 1쇄)
발 행 처 삼호ETM (http://www.samhomusic.com)
경기도 파주시 문발로 175
마케팅기획개발부   전화 1577-3588   팩스 (031) 955-3599
콘텐츠기획개발부   전화 (031) 955-3589   팩스 (031) 955-3598
등   록 2009년 2월 12일 제 321-2009-00027호

ISBN   978-89-6721-574-3

제 품 명 : 도서	주 소 : 경기도 파주시 문발로 175
제조사명 : 삼호ETM	문의전화 : 1577-3588
제조국명 : 대한민국	제조년월 : 판권 별도 표기
사용연령 : 3세 이상	KC마크는 이 제품이 공통안전기준에 적합하였음을 의미합니다.